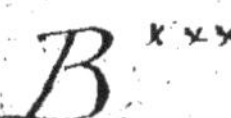

CATALOGUE

DE LIVRES

ANCIENS ET MODERNES

COMPOSANT LES BIBLIOTHÈQUES

DE MM. B* DUVIVIER ET DOCTEUR P. V. R***,**

DONT LA VENTE AURA LIEU

Le Lundi 21 Octobre 1861, et jours suivants,

A 7 heures du soir,

RUE DES BONS-ENFANTS, 28, MAISON SILVESTRE,

Salle n° 2, au 1er étage,

Par le ministère de Me BAUBIGNY, commissaire-priseur,

41, rue de la Fontaine-Molière,

SUCCESSEUR DE M. MALLARD.

PARIS

ANCIENNE MAISON SILVESTRE

CAMERLINCK, libraire (successeur)

28, RUE DES BONS-ENFANTS, 28.

—

1861

FIN OCTOBRE:

La vente après décès composant la Librairie et Fonds de commerce de M. GUITARD,

QUAI DES GRANDS-AUGUSTINS.

Versailles. — Imp. BEAU jeune, rue de l'Orangerie, 36.

CATALOGUE
DE LIVRES
ANCIENS ET MODERNES

COMPOSANT LES BIBLIOTHÈQUES

DE MM. B* DUVIVIER ET DOCTEUR P. V. R***,**

DONT LA VENTE AURA LIEU

Le Lundi 21 Octobre 1861, et jours suivants,

A 7 heures du soir,

RUE DES BONS-ENFANTS, 28, MAISON SILVESTRE,

Salle n° 2, au 1er étage,

Par le ministère de Me BAUBIGNY, commissaire-priseur,

41, rue de la Fontaine-Molière,

SUCCESSEUR DE M. MAILLARD.

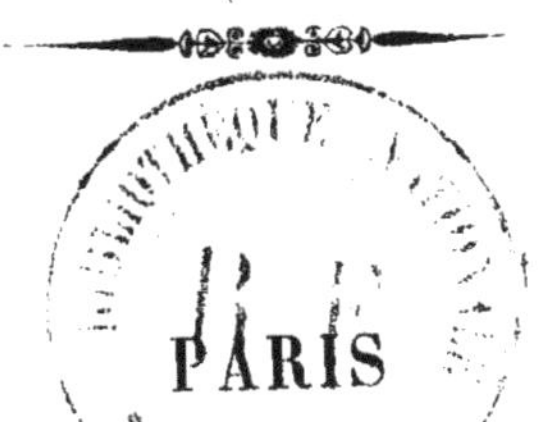

PARIS

ANCIENNE MAISON SILVESTRE

CAMERLINCK, libraire (successeur)

28, RUE DES BONS-ENFANTS, 28.

1861

Conditions de la Vente.

Il y aura chaque jour de vente exposition de 1 à 3 heures.

Les livres vendus devront être collationnés sur place, dans les 24 heures de l'adjudication. Passé ce délai, ou une fois sortis de la salle de vente, ils ne seront repris pour aucune cause.

Les ouvrages qui se trouveront incomplets ou atteints de graves défectuosités seront revendus. Les acquéreurs payeront, en sus du prix d'adjudication, 5 cent. par franc, applicables aux frais.

M. Camerlinck, libraire chargé de la vente, remplira les commissions des personnes qui ne pourraient y assister. *(Affranchir.)*

Au commencement et à la fin de chaque vacation il sera vendu des lots.

ORDRE DES VACATIONS.

1re **Vacation.** — Lundi 21 octobre 1851.

Théologie, Jurisprudence, Sciences et Arts. . . . . 1—165

2e **Vacation.** — Mardi 22 octobre.

Sciences physiques, chimiques, naturelles et médicales. . . . . . 166—334

3e **Vacation.** — Mercredi 23 octobre.

Sciences mathématiques, Beaux-Arts, Arts et Métiers, Linguistique, Poésie. . . . . 335—514

4e **Vacation.** — Jeudi 24 octobre.

Poésie, Art théâtral, Fictions en prose, Philologie. . . . . 515—667

5e **Vacation.** — Vendredi 25 octobre.

Épistolaires, Polygraphes, Histoire, Chronologie, Histoire moderne. 668—842

6e **Vacation.** — Samedi 26 octobre.

Histoire de Paris, Biographie, Bibliographie et Autographes. . . . 843—1012

Versailles. Imp. BEAU jeune, rue de l'Orangerie, 36.

TABLE DES DIVISIONS.

Théologie.

Jurisprudence.

Sciences et Arts.

SCIENCES PHILOSOPHIQUES.

SCIENCES PHYSIQUES ET CHIMIQUES.

SCIENCES NATURELLES.

SCIENCES MÉDICALES.

SCIENCES MATHÉMATIQUES.

BEAUX-ARTS.

ARTS ET MÉTIERS.

Belles-Lettres.

LINGUISTIQUE.

POÉSIE.

ART THÉATRAL.

FICTIONS EN PROSE.

PHILOLOGIE.

ÉPISTOLAIRES, POLYGRAPHES.

Histoire.

CHRONOLOGIE.

HISTOIRE MODERNE.

BIBLIOGRAPHIE.

CATALOGUE

DE LIVRES ANCIENS ET MODERNES.

THÉOLOGIE.

Ecriture sainte. — Liturgie. — Conciles. — Saints Pères. — Théologiens. — Histoire des religions, etc.

1. Augustini (D. A.) Libri Confessionum. Col. Agr., 1649, in-16, fr. gr.
2. Bellegarde (de). Office de la Semaine Sainte à l'usage de la maison du roi. Paris, 1748, in-8 rel., m. r., tr. dor., aux armes. Fig.
3. Biblia sacra vulgatæ editionis. Col., ap. I. Naulœum, 1679. 6 vol. in-16, rel., m. r., tr. dor., fig. (Bel exempl.)
4. Bossuet. Méditations sur les Évangiles. Paris. Royer, 1845, in-12, br.
5. Bourdaloue. Œuvres complètes. Paris, Dabo, 1824, 22 vol. in-12 rel. v.
6. *Id.* Sermons et Pensées. Paris, 1608-1735, 7 vol. in-12, rel. v. port.
7. *Id.* Sermons. Paris, Rigaud, 1707, 4 vol. in-8, rel. v. port.
8. Calmet (A.). Dict. hist., crit., chron., géog. et litt. de la Bible. Paris, 1722, 2 vol. in-fol., fig. gr. (Bel exempl.)
9. Coëffeteau (N.). Les merveilles de l'Eucharistie. Paris, Thierry, 1631, in-8, vél.
10. *Collocou ar c'halvar*, assambles gant stationou hor salver en Bassion. Quemper, 1784, in-12, rel. v. (patois breton).
11. Corneille (P.). Les quatre livres de l'Imitation de Jésus-Christ Rouen, 1656, in-4, rel. m. br. fil., tr. dor., fig.
12. *Id.* L'Imitation de Jésus-Christ, trad. et paraphr. en vers. Paris, Rocolet, 1659, in-12, rel. v. fil. fig. (Bel exemplaire.)

13. Corneille (P.). L'Imitation de Jésus-Christ. Paris, 1670, in-16, rel. v. fig.

14. Devoragine (J.). Sermones de Sanctis, s. l. n. d., in-8, éd. goth. à 2 col. Manque le titre.

15. Erasmus (D. R.). Paraphrasis in Evangelium secundum Joannem. Basileæ, 1523, in-8, vél. fr. ent.

16. François de Sales (l'esprit de St.). Paris, 1747, in-8, rel. v. port.

17. Frate Antonio, Arciv. Fiorent. Tractato sopra le confessioni. Firenze, s. d. in-8, rel. vél.

18. Garnier (J.). Brieue et Claire Confession de la foy chrestienne. (s. l.). Quand sera-ce? 1552, in-16, rel. m. r., fil., tr. dor.

19. Gence (J.-B.-M.). Considérations sur l'auteur de l'Imitation (1832). Discours (*Id.*), par Villenave (1838), 2 br. in-8.

20. Gog et Magog (De) Coniectura ad Ezechielis, s. l. 1645, in-8, vél.

21. Heliotropium, seu conformatio humanæ voluntatis cum divina. Coloniæ Ag., 1630, in-16, rel. v. (aux armes), fig.

22. Hist. du Peuple de Dieu. Sermons de Massillon. Psaumes de David. La Genèse. Job. L'Exode, etc. Retraite spirituelle. Office de nuit, etc. Ensemb. 107 vol. dif. form.

23. Lactantii (L.-C.-F.) Opera. Lugd., 1587, in-16, rel. m. r., tr. dor. cisel.

24. Lambertini Prosp. Delle feste di G. C. e della B. V. M. e della santa Messa. Ven. 1767, 2 vol. in-4, br.

25. Lamennais (F.). L'Imitation de J.-C. Paris, 1827, pet. in-12 rel. v. gauf. fil. tr. dor. fig.

26. Le Maistre de Sacy. Hist. du Nouv. Testament. Paris, Curmer, 1835, in-4 cart. fig.

27. Mengo (H.) Fuga Dœmonium adiurationes potentissimas. Venetiis, 1596, in-8, rel. v.

28. Monelliæ. De annis Jesu Christi servatoris et de religione utriusque Philippi Aug. Romæ. 1741, in-4, vél., fr. gr. fig.

29. Nicole. Essais de morale. Paris, 1730-42. 24 vol. in-18, rel., v.

30. Nouveau Testament de N. S. Jésus-Christ. Mons, 1667, in-8, rel. m. n., fil. tr. dor., fig.

31. Novum Testamentum græcum. Parisiis, typ. regia, 1642, in-fol. rel. v. tr. dor. Front. gravé. (Bel exempl.)

32. Osorii (H). De gloria Libri V. Flor. 1552, in-4, d.-rel. vél.

33. Psalmorum Davidis (Liber). Annotationes in eosdem ex He-

bræorum commentariis. Lutetiæ, 1546, pet. in-8, rel. v. tr. dor.

34. Reguis. La voix du pasteur. Paris, 1764, 2 vol. in-12, rel. v.

35. Richeome (L.). L'art d'admirer, aimer et louer Dieu. Lyon, 1611, in-8, vél., fig.

36. Riva (S.). Accomodatiores cantici canticorum sensus latinis versibus redditi. Ms. de 48 p. br.

37. Sa (E.). Scholia in quatuor Evangelia. Lug. 1610, in-4, rel. v. tr. dor., fr. gr.

38. Saci (Le Maistre de). Sainte Bible cont. l'Anc. et le Nouv. Testament. Paris, 1776, 4 vol. in-12, rel. v.

39. Savonarola (H.). Triumphus Crucis, sive de veritate Fidei. Parisiis, 1662, in-12, fr. gr.

40. Sermons pour l'Advent. Paris, Thierry, 1698, in-8, rel. v.

41. Saint Paul (Epîtres de). Paris, 1746, 4 vol. in-8, rel. v.

42. Stockii (C.). Clavis linguæ sanctæ veteris Testam. Ienæ, 1744, fort in-8, cart.

43. Swinden. Nature du feu de l'enfer, trad. par Bion. Amst. 1757, in-12, rel. v. fig.

44. Testamentum vetus ex versione 70 interpretum (texte gr.). Franequeræ, 1709, in-4, rel. v.

45. Théologie, Paris, 1788-90. 6 vol. in-4. cart. (Encycl. méth.)

46. Thomæ a Kempis de Imitatione Christi libri IV. Antuerpiæ, 1647, in-12, rel. m. r. tr. dor.

---

47. Bocharto (S.) Hierozoicon sive Bipartitum opus de animalibus S. Script. Francof., 1675, in-fol. port.

48. Bourgade. La Clef du Coran et les Soirées de Carthage. Paris, 1852, in-8, dem.-rel.

49. Cappellus (D.) Acta canoniz. SS. Petri et Mariæ Magdalenæ. Romæ, 1669, in-4, vél. fig. fr. gr.

50. Caravita. Compendio delli Statuti et Ordinazioni. Ms. de 590 p., in-4 rel. vel.

51. Chiffletius (P.). Concilii Tridentini celebrati Canones et Decreti. Col. Agr., 1688, in-16, rel. v. port.

52. Christoforus Marcel. Sacrarum cæremoniarum, sive rituum ecclesiasticorum S. Rom. Ecclesiæ. Ven., 1583, in-4, vél. br. cur. fig. sur bois.

53. Constitutions (les) du monast. de Port-Royal du S. Sacrement. Mons, 1665, pet. in-12, rel. v.

54. Decretalium Dni pape Gregorii. Parisiis (Thielman Kerver, 1505, in-4, goth. rouge et noir, fig. bois, rel. v. (marque d'impr.)

55. Devallemont. Secret des Mystères. Paris, 1710, in-12, rel. v.

56. Dulaure (J.-A.). Hist. des différents cultes. Paris, 1825, 2 vol. in-8, br.

57. Fleuri (Abbé). Essais hist. et crit. sur les Juifs. Lyon, 1771, 2 vol. in-12, rel. v.

58. *Id.* Hist. ecclésiast. Paris, 1724, 36 vol. in-12, rel. v., portr. et fig.

59. Formulaire ou Conduite pour toutes les actions de la journée, pour les religieuses de la Présentation de N.-D. Manusc. in-8, rel. v., porte la date de 1773. (Curieux.)

60. Garreau (J.-C.). Vie de messire Jean-Baptiste de La Salle. Paris, 1825, 2 v. in-12, rel. v., port.

61. Gentianus Hervetus. Beati Theodoreti Cyrieranistes seu Polymorphus. Ven., 1548, pet. in-8, vél. Bel exempl.

62. Hermant. Hist. de l'Etablissement des Ordres religieux et des Congrégations. Rouen, 1697, in-12, v.

63. Hygini (C. J.) Fabularum Liber. Lugd. Bat. et Amst. 1670, pet. in-12, fr. gr.

64. Josephi Judæi historici præclara opera. Paris, 1519, pet. in-fol., rel. en bois.

65. Joseph (F.). Hist. des Juifs, trad. par A. d'Andilly. Paris, 1672, 5 vol. in-12, rel. v., fig.

66. Kœshsaf. The Qoran with the commentary. Calcutta, 1856, 1er vol., in-4 br.

67. Lefeuve. Histoire de Ste Geneviève. Paris, 1861, in-8, br., fig.

68. Le siècle de la raison. Observations sur le Testament. Tabl. de la Politique de la cour de Rome. Pensées, Sentences et Maximes. Appel aux patriotes lassés du joug de l'absolutisme. 7 br. in-8, d. 1 c.

69. Macigni Carlo, Trattato dell'ore canoniche. Firenze, 1607, in-4, d. rel.

70. Martyrologium romanum. Ven., 1661, in-4, rel. m. fil.

71. Michel Germain. Hist. de l'abbaye roy. de N.-D. de Soissons, Paris, 1675, in-4, rel. v. Manq. la table.

72. Norberto. R. P. Memorie Storiche intorno alle missioni dell' Indie orientali. Lucca, 1744, 3 t. en 2 vol., in-4, rel. vél.

73. Nouvelle Jérusalem. Députation israélite. Abus en matière ecclés., etc.; réun. en in-8, dem. rel. v.

74. Ordres monastiques. Hist. extraite de tous les auteurs. Berlin, 1751, 2 vol. in-12, v.

75. Pascal. Pensées sur la religion. Paris, 1714, in-12, rel. v.

76. Pavillon, évêque d'Alet (Vie de M.). Saint-Miel, 1738, 3 vol. in-12, rel. v.

77. Platynæ. Historia de Vitis pontificum periucunda : diligenter recognita : et nunc tantum integre impressa. Ven. P. Pincio, 1504, in-fol. vél., fr. s. bois. Bel ex. Annot. en marge.

78. Ponsi (D.). Vita di S. Agnesa. Roma, 1726, in-4, vél.

79. Pratica criminalis. De modo procedendi summarii inter claustrales max. Capucinis in puniendis criminib. et excessibus. Ms. de 250 p. in-4, rel. vél.

80. Recueil précieux de la Maçonnerie adonhiramite, et Manuel des Franches-Maçonnes. Philadelphie, 1783, in-12, rel. v.

81. Reghellini de Schio, Examen du Mosaïsme et du Christianisme. Paris, Dondey-Dupré, 1834, 3 vol. in-8, br.

82. Ribera (le P.). Vie de sainte Thérèse. Paris, 1839, in-8 br., n. r.

83. Sainteté et devoirs de la vie monastique. Paris, Muguet, 1683, 2 vol. in-4 rel. v.

84. Saint-Simon (doctrine de). Paris, 1830, in-8. dem. rel. v. (Envoi autogr. du P. l'Enfantin du 25 nov. 1852)

85. Savary. Le Coran trad. par — préc. de la vie de Mahomet. Paris, Dufour, 1821, 2 vol. in-8. br.

86. Siége de l'âme, suivant les anciens. Spiritualisme au XIXe siècle. Hist. de Dieu. Appréciation du monde. De la Foi et de l'Esprit. Le Paradis et l'Enfer, etc., 17 br. in-8, d. 1 c. (Curieux.)

87. Stoffels, Résurrection. Paris, Paulin, 1840, in-8 br.

88. Théorie de Fourrier. Lettre aux Prédicateurs de la Doct. S. Simonienne. Suite aux Chev. des sept montagnes, etc. 6 br. in-8, d. 1 c.

89. Thérèse (Lettres de sainte). Paris, 1748-53, 2 vol. in-4. rel. v.

JURISPRUDENCE.

Droits des Gens, Romain, Français et Ecclésiastique.

90. Bacqua (N.). Code annoté des chemins de fer français. Paris, 1847, in-8, br.

91. Bartoli, interpretum iuris civilis coriphæi. Basileæ, 1562, in-fol., vél.

92. Berryer. Souvenir. Paris, Dupont, 1839, 2 vol. in-8, br.

93. Bioche. Journal de procédure civile et commerciale. Paris, 1838, 11 vol. in-8 br., du tome 4 au tome 14 incl.

94. Bouchené-Lefer (A. G. D.). Droit public et administratif français. Paris, 1830-35, 4 vol. in-8, dem. rel. v.

95. Carré (G. L. J.). Les lois de la procédure civile. Paris, Béchet, 1829, 3 vol. in-4, dem. rel., port.

96. Chabot (de l'Allier). Loi des successions. Paris, Nève, 1818, 3 vol. in-8, br.

97. Code d'instruct. crimin. — Traité des hypoth. — Cours de droit.—Pamphlets polit. de P.-L. Courrier, etc. 1810, 33, 6 vol. in-8, br.

98. Dalloz. Dictionnaire général et raisonné de législation, de doctrine et de jurisprudence. — Paris, 1835-36, 4 vol. in-4, dem. rel.

99. Jurisprudence générale du royaume de 1835 à 60 incl. Paris, 20 vol. in-4, dem. rel. et 6 vol. br.

100. Damiens (R. F.). Pièces originales et procédures du procès fait à Paris. Simon, 1757, 4 vol. in-12, rel. v.

101. De justicia, de statu hominis, de senatoribus, de officio pretoris, de pactis, de his qui notantur infamia, etc. Manuscrits de 1525, 122 ff. sur papier rel. v.

102. Delbreil (F.). Dictionnaire de droit. Paris, Durand, 1849. in-8, br.

103. Delvincourt. Cours de Code civil. Paris, Videcoq, 1834, 3 vol. in-4, dem. rel.

104. Denisart (J.-B.). Collection de décisions nouvelles et de notions relatives à la jurisprudence actuelle. Paris, Desaint, 1775, 4 vol. in-4, rel. v.

105. Desquiron (A. T.) Traité de la preuve par témoins (1811, in-8). Danty, *id.* (1769, in-4.)

106. Dissolution du mariage pour cause d'impuissance (1739), br., in-8.

107. Duranton. Cours du droit français suivant le Code civil. Paris, Gobelet, 1825. 11 vol. in-8, br.

108. *Id.* Cours du droit français suivant le Code civil. Paris, Alex. Gobelet, 1834-42. 22 vol. comp. la tab. In-8, br.

109. Duvergier. Collection des lois, décrets, ordonnances et arrêtés de 1788 à 1860 incl. 59 vol. in-8, br.

110. Ferrière (C. J. de). Traduction des Institutes de Justinien. Paris, 1719, 6 vol. in-8, rel. v. (Aux armes.)

111. Foucard (E. V.). Éléments de droit public et administratif. Paris, Videcoq, 1839, 3 vol. in-8, br.

112. Frémy-Ligneville. Code des architectes. Paris, 1837, in-8, br.

113. Geoffroy (L. Av.). Code prat. des faillites, Paris, 1853, in-8, br.

114. Gerando (Baron de). Institutes du droit administratif. Paris, Nève, 1829-30, 4 vol. in-8, br.

115. Gothofredo (D.). Corpus iuris civilis in IV partes distinctum. Genevæ, 1626, in-4, rel. v.

116. Jurisprudence, police et municipalité. Paris, 1782-91, 18 vol. in-4 (Encycl. méth.).

117. Le Caron (L. Charondas). Le Code du roi Henri III. Paris, 1609, fort in-fol., rel. v.

118. Lepage (P.). Lois des bâtiments. Paris, 1817, 2 vol. in-8, dem. rel.

119. Mémoires pour le cardinal de Rohan, la dame de La-Motte, du sieur de Vilette, de la dlle d'Oliva, du comte de Cagliostro, etc., co-accusés, etc., réun. en in-4, dem. rel.

120. Pailliet. Manuel de droit français. Paris, Desoer, 1826, fort in-8, rel. v.

121. Pardessus (J. M.). Traité des servit. et cours de droit commerc. Paris, 1825-26, 5 vol. in-8, br. (manq. 1er vol.).

122. Peleus (Julien). Questions illustres, et plaidoyez. Paris, 1608, 2 vol. in-4, dem. rel.

123. Persil (J. C.). Régime hypoth. et questions sur les priviléges. Paris, 1820, 4 vol. in-8, br.

124. Pesnelle. Coutume de Normandie. Rouen, 1771. 2 vol. in-4, rel. v.

125. Pigeau. Sur le Code de procédure civile. Paris, Brière, 1827, 2 vol. in-4, br.

126. Pothier. Traités de la propriété, de la possession, des obligations, des rentes, du contrat de mariage, aléatoires, de bienfaisance, de constitution de rente, de louage maritime, des retraits, de procédure civile. Paris, 1768-78, 14 vol. in-12, rel. v.

127. Pouget (L.). Dictionnaire des assurances terrestres. Paris, Durand, 1855, 2 vol. in-8, br.

128. Pratique de droit et de coutumes par Ferrière. — Lois des bâtiments par Desgodets, etc., 6 vol., dif. form., rel. v.

129. Raynouard. Hist. du droit municipal en France. Paris, Sautelet, 1829, 2 vol. in-8, dem. rel. v.

130. Rogron (J. A.). Codes de procédure civile et de commerce expliqués. Paris, Videcoq, 1826-36, 3 vol. in-12, dem. r.

131. Rolland de Villargues. Des substitutions prohibées. Paris, Hayet, 1821, in-8, rel. v.

SCIENCES ET ARTS.

SCIENCES PHILOSOPHIQUES.

Philosophie, Morale, Économie politique.

132. Aristotelis opera per Des. Eras. Basileæ, 1531. 2 tom. en in-fol. rel. v.

133. *Id.* opera. Lugduni apud J. J. Juntæ. F. 1579, 80, 7 vol. in-16 rel. v. ferm.

134. Ciceronis (M. T.) de Philosophia. Lugduni, 1562, in-8, rel. en bois.

135. Damiron (P.). Essai sur l'Hist. de la Philosophie au XIXe siècle. Paris, 1828, 2 vol. in-8., dem. rel. v.

136. Lamennais (F.). Esquisse d'une philosophie. Paris, Pagnerre, 1840. Paroles d'un Croyant, 1833. Le livre du Peuple, Paris, 1843. Ens. 5 vol. diff. f. br.

137. La Vérité, ou les mystères du Christianisme. Londres, 1771. 2 tom. en in-8, rel. v. gr.

138. Philonis Judæi, Lucubrationes omnes. Basileæ, 1561, in-fol. rel. v.

139. Philosophe provincial (Variétés d'un). Bruxelles, 1767. 2 part. en 1 vol. in-12, rel. v.

140. Philosophie ancienne et moderne. Paris, 1791, 6 vol. in-4, cart. (Encycl. méth.).

141. Pythagore, ou précis de Philosophie. Epicure opposé à Descartes. Manuel d'Épictète. Cartésianisme. Sur les travaux philos. de Jouffroy. Morale, 13 br. in-8., d. 1 c.

142. Schon (L. F.). Philosophie transcendantale du système d'E. Kant. Paris, 1831, in-8, br.

143. Senecæ (L. A.). Opera omnia à J. Lipsio emendata. Antuerp. 1605, in-fol., rel. v. bl., port.

144. Senecæ (L. et M. A.) quæ extant opera. Parisiis, 1613, in-fol. rel. m. r. fil. tr. dor. aux armes, port. (bel exempl.).

145. *Id.* (L. A.) Opera omnia, ex. ult. J. Lipsii, et J. F. Gronovii emend. Amst. Elz. 1659. 3 vol. in-12, rel. v.

146. Véry. (P.) Philos. de la religion. Paris, 1838, in-8, br.

---

147. Bacon (F.) Œuvres morales et politiques, version de Beaudoin. Paris, 1636, in-8, rel. v.

148. Busareingues (C. Giron de). Morale physiologique. Rodez, 1837, br. in-8.

149. Comédie (de la) et des spectacles, selon la tradition de l'Église. Paris, Billaine, 1667, in-8, rel. v.

150. Descartes (R.). Les passions de l'âme. Paris, 1650, in-12, rel. v. fil.

151. *Id.* Les Passions de l'âme, et les Caract. des Passions, par Delachambre, ens. 2 vol. in-12, rel. v., fr.-gr.

152. Éducation des Filles, Paris, 1856, in-12 br., texte arménien et français.

153. Erasmus Roterodamus (Des). Vidua Christiana. Basileæ, 1529, pet. in-8, vel.

154. Helvetius, de l'Esprit. Paris, 1758, in-4 rel. v.

155. Itard. Education et rapport sur le sauvage de l'Aveyron. Principes d'Anthropologie. Paris, 1801, 27. 3 br. in-8, port.

156. La Bruyère. Caractères, suivis de Théophraste. Paris, Penaud, gr. in-8, br., n. r. port. et fig.

157. *Id.* Les Caractères. Paris, Lefèvre, 1822, 2 vol. in-8, br. port.

158. Lottin (Aîné). L'art de peindre à l'esprit. Paris, 1783, 3 vol. in-8, rel. v.

159. Malebranche (N.). De la recherche de la vérité, etc. Paris, David, 1735. 4 vol. in-12, rel. v.

160. Morale (La) du monde, ou conversations. Amst. 1687, 2 tom. en in-12, dem. rel. v. (bel exemplaire).

161. Pascal (B.). Lettres à un Provincial. Paris, Didot, 1857, in-12, br. port.

162. Plutarque. Tr. de Morale, trad. Ricard., rev. et corr. par A. Pierron, Paris. Charpentier, 1847, 2 vol. in-12, dem.-rel. v.

163. Salgues (J.B.). Des erreurs et des préjugés répandus dans la société. Paris, 1810, 2 vol in-8, br.

164. Sénèque. De la tranquillité de l'âme. Trad. par Ch. du Rozoir, text. lat. en reg., in-8 br.

165. S'ensuivent aulcuns petitz enseignens convenables à observer, et garder en fait de bonne justice commune. — Le mirouer de la vie de homme et de femme, composé par Johan de Jarson. — Exposition de l'Ave Maria. 3 pet. in-8, goth. franç., cart. (Mauvais état.)

---

166. Augier (M.). Du crédit public. Paris, Guillaumin, 1842, in-8, dem.-rel. v.

167. Cerfberr (A. E.). Des condamnés libérés. Paris, Royer, 1844, in-12, br., n. r.

168. Commerce. Paris, 1783-84, 5 vol. in-4 rel. (Encycl. méth.).

169. Commène (N. S. de). Progrès social de l'Europe. Paris, 1841, in-8, dem. rel.

170. Coup d'œil sur la Maison centrale de Melun. — Une visite à Clairvaux. — Imp. et Souv. d'une visite au pénitenc. de Fontevrault. Paris, 1827-42, 3 br. in-8.

171. Dunnoyer. L'industrie et la morale. Paris, 1825, in-8, dem. rel.

172. Economie politique. Paris, 1784-88, 8 vol. in-4, cart. (Encycl. méth.).

173. Finances. Paris, 1784-87, 5 vol. in-4, cart. (Encycl. méth.)

174. Fix (T.). Obs. sur les classes ouvrières. Paris, Guillaumin, 1846, in-8, dem.-rel.

175. Fourrier (Ch.). Théorie des 4 mouvem. Paris, 1841, in-8, br.

176. Gerando (A. de). L'esprit public en Hongrie. Paris, 1848, in-8, br.

177. Intérieur des prisons par un détenu. Paris, Labitte, 1846, in-8., dem. rel. v.

178. Lamennais et *Barbet* (Aug.). Le dogme ou la loi au dix-neuvième siècle, contenant : lois naturelles; applic. des lois; droits et devoirs sociaux, ou de l'économie matérielle, etc. Paris, Garnier, 1848, in-8, br.

179. Le Bastier (J.). Egalisation sociale, ou Théorie d'une révol. normale. Paris, Désessart, 1840, in-8, br.

180. L'Omnium, par La Mennais. Moyens d'améliorer le sort des classes laborieuses.—Lettre autog. de T. Fix du 31 août 1845.—Questions politiques et sociales, etc. ; réuni en in-8, dem.-rel. v.

181. Olbie, ou essai sur les moyens de réformer les mœurs d'une nation.—Etat social des populations de la Turquie d'Europe. — Population et Misère. — Les Économistes de l'Institut, etc., 15 br. in-8., d. 1 c.

182. Richelot (H.). L'association douanière allemande. Paris, Capelle, 1845, in-8, dem.-rel. v.

183. Valmy (E. de). De la force du droit. Paris, Lecoffre, 1850, in-8., dem. rel. v.

184. Vidal (F.). De la répartition des richesses. Paris, Capelle, 1846, in-8, dem.-rel. m.

185. Werdenhagen (J. A.). Introd. univers. in omnes respublicas. Amst. 1632, in-32, rel. v.

SCIENCES PHYSIQUES ET CHIMIQUES.

Physique et Chimie.

186. Déal (J. N.). Essai sur la lumière et les couleurs. Paris, F. Didot, 1827, in-8, br.

187. Delaunay. Essais chimiques. Paris, 1820, 3 vol. in-8, rel.

188. Despretz (C.). Tr. élém. de Physique. Paris, 1832, in-8, br. pl.

189. *Duncan.* Nouveau dispensaire d'Édimbourg, cont. les éléments de la chimie pharmaceutique, etc., traduit par E. Pelouze. Paris, 1826, 2 vol. in-8, br.

190. *Hauy* (Abbé). Traité élém. de Physique. Paris, Bachelier, 1821, 2 vol. in-8, br.

191. *Huttemin* (P.). Historiettes sur la Physique. Paris, 1836, in-12, br. Fig.

192. *Klaproth* (M. A.). Dict. de Chimie. Paris, 1810, 4 vol. in-8, br.

193. Mariotte. Œuvres. La Haye, 1740, 2 tom. en 1 vol. in-4, rel. v. pl.

194. Needham. Obs. microscop. Paris, Ganeau, 1750, in-12, rel. v. Fig.

195. *Péclet* (E.). Tr. élém. de Physique. Paris, 1832, 2 vol. in-8, br.

196. *Physique* (Traités de). Ens. 8 vol. br., dif. form.

197. *Sigaud de la Fond.* — Phénomènes électriques. Paris, 1785, in-8, br.

SCIENCES NATURELLES.

Introduction. — Géologie. — Botanique. — Zoologie. — Mélanges d'histoire naturelle. — Agriculture.

198. Aldovrandus (U.). Ornithologia. Bononiæ, 1599, 1603. 3 vol. in-fol., rel. v. fr., gr. fig. port.

199. *Id.* De animalibus insectis libri. Bononiæ, 1602, in-fol., rel. v. fr., gr. fig.

200. *Id.* De reliquis animalibus exanguibus libri, nempe de mollibus, crustaceis, testaceis et zoophytis. Bononiæ, 1606, in-fol., rel. v. fr., gr. fig. port.

201. *Id.* De piscibus et de cetis libri. Bononiæ, 1613, in-fol., rel. v. fr., gr. fig.

202, *Id.* De quadrupedibus solidipedibus volumen integrum. Bononiæ, 1617, in-fol., rel. v. fr., gr. fig.

203. *Id.* Quadrupedum omnium bisulcorum hist. Bononiæ, 1621, in-fol., rel. v. fr., gr. fig.

204. *Id.* De quadruped. digitatis viviparis et oviparis libri. Bononiæ, 1637, in-fol., rel. v. fr., gr. fig.

205. *Id.* Serpentum et draconum hist. libri. Bononiæ, 1640, in-fol., rel. v. fr., gr. fig.

206. *Id.* Monstrorum hist. omn. anim. Bononiæ, 1642, in-fol., rel. v. fr., gr. fig.

207. *Id.* Musæum metallicum. Bononiæ, 1648, in-fol., rel. v. fr., gr. fig.

208. *Id.* Dendrologia sive arborum hist. libri. Bononiæ, 1668, in-fol., rel. v. fr., gr. fig.

209. Buffon. Hist. naturelle, gén. et part. Paris, impr. Roy, 1769, 17 vol. in-12, rel. v., fig.

210. *Id.* Hist. natur. Les quad. et les oiseaux. Paris, Rousseau, an IX, 4 vol. in-8 cart., non rogn., fig., col.

211. Harveo (G.). Exercitationes de generatione animalium. Hagæ Comitis, 1860, in-12, rel. v.

212. Histoire naturelle. Paris, 1782-91, 16 vol., texte et 12 de planc. in-4, cart. (Encycl. méth.); manqu. les liv. 77, 87, 95, 96, 100, 101, 102, 102, 95, 98 de texte et 84, 86, 89, 91, 93, 98, 100 de pl.

213. Le Maoût (E.). Botanique. Hist. nat. des familles végétales, avec grav. noir. dans le texte et fleurs coloriées d'après nature. Paris, Curmer, 1852, in-4 br.

214. Monconys (de). Voyages, et descript. de divers animaux et plantes rares, plusieurs secrets inconnus pour le plaisir et la santé, les ouvrages des peintres fameux, etc. Lyon, 1666, 3 vol. in-4, rel. v.

215. — *Péron et Lesueur*. Histoire générale des Méduses. Texte et planches in-4, dem. rel.

216. Plinii (C. S.) Historiæ naturalis libri XXXVII. Lugd. Bat. Elz., 1635, 3 vol. pet. in-12, rel. m. r., tr. dor. fil. (Bel exempl.)

217. Annales des Mines, de 1834-37. Paris, Carillan-Gœury, 24 livr. in-8.

218. Bouguer. Figure de la terre, etc. Paris, 1749. Justification et discussion. Paris, 1752-54, en in-4, rel. v., pl.

219. Karsten. Métallurgie du fer, trad. par F.-J. Culmann. Metz, 1830, 2 vol. in-8, rel. v.

219 *bis*. *Id.* (Exempl. cartonné.)

220. Oryctographia carniolica. Leipzig, 1778, 2 tom. en in-4, dem. rel., pl., texte allem.

221. Scheidius (C. L.). De prima facie telluris, et antiquissimæ historiæ vestigiis. Gœttingæ, 1749, in-4, rel. v., pl.

222. Théorie de géologie. — Doctrines des géologues modernes. — Modifications apportées à la conform. de la terre. (1828-40), 3 br. in-8.

223. Virlet (Th.). Des cavernes, de leur origine et de leur mode de formation. Avesnes, 1836, br. in-8.

224. Botanique. Paris, 1783, 1810, 15 vol. in-4, cart. et 800 pl. (Encycl. méth.); manq. les liv. 76, 77, 78, 80, 83, 84, 85 texte, et 200 pl.

225. Calvel (E.). Traité sur les pépinières. Paris, 1805, 3 vol. in-12 br., fig.

226. Dodonœi (R.). Stirpium historiæ. Antuerp., 1583, in-fol., rel. v., fig. (Bel exempl.)

227. Art aratoire. Paris, an V, 2 vol. in-4 cart., 54 pl. (Encycl. méth.)

228. Thomel (N.). Dictionnaire œconomique. Paris, 1777, 3 vol. in-fol., rel. v.

229. Duhamel du Monceau. De l'exploit. des bois; sur la garance et sa culture. Paris, 1757-64, 3 vol. in-4 rel.

230. Gallo (M.-A.). Le Venti giornate dell' agricoltura, con le figure degl' instrumenti che s' appartengono all' ezercizio d'un vero e perfetto Agricoltore. Venetia, 1593, in-4, vél. pl.

231. Instruments d'agriculture, recueil de 21 pl. in-fol. cart.

232. Jullien (A.). Topographie de tous les vignobles connus. Paris, 1816, in-8 dem. rel. v., fig.

233. Vallemont (Abbé de). Curiositez de la nature et de l'art sur la végétation. Paris, 1709, in-12, rel. v. fig.

SCIENCES MÉDICALES.

Introd. — Trait. gén. — Anatomie. — Physiologie. — Hygiène. — Pathologie générale. — Chirurgie. — Pharmacopée, etc.

234. Ætii medici græci Sermones per J. Cornarium conscripti. Lugd., 1549, in-fol.

235. Allem (I.). Abr. de toute la médecine pratique. Paris, 1741, 7 vol. in-12, rel. v.

236. Alpinus (P.). De præsagienda vita et morte ægrotantium. Francofurti, 1754, in-4, rel. v., port.

237. Amati Lusitani, Curationum Medicinalium Centuriæ. Venetiis, Valgrisiana, 1560, in-8, vél.

238. Andry. De la génération des vers dans le corps de l'homme. Paris, 1741, 2 vol. in-12, rel. v., pl.

239. Annuaires de médecine, des vétérinaires, Agenda des médecins et chirurgiens, Recueil de formules, Traité des bains, 6 vol. diff. form., br.

240. Aretæi (C.) medici libri VIII Ruffi, E., de hominis partib. Parisiis, 1554, in-16, vél. m., 1 f. (Taché).

241. Astruc (J.). Tr. des maladies des femmes. Paris, 1770, 7 vol. in-12, rel. v., pl.

242. Bacher. Journal de Médecine, Chirurgie et Pharmacie, de 1754-92. Paris, Didot, 92 vol. in-8, br.

243. Baglivi (G.). Opera omnia medico-practica et anatomica. Lugduni, 1745, in-4, rel. v., port.

244. Balloni (G.) Opera omnia. Studio et opera J. Thevart digesta, denuo in lucem edita : cum præfatione T. Tronchin. Genevæ, 1762, 4 tom. en 2 vol. in-4, rel. v.

245. Baudelocque. L'art des accouchements. Paris, Méquignon, 1789, 2 vol. in-8, rel. v., pl.

246. Boerhaave (H.). De cognoscendis et curandis morbis, et de morbis nervorum. Parisiis et Lugd. Bat., 1745-61. 3 vol. in-12, rel. v.

247. Boyer (J.-B.). Codex medicamentarius, seu Pharmacopæa parisiensis. Parisiis, 1758, in-4, rel. v.

248. Brunonis Seidelii, liber morborum incurabilium. Lugd. Bat. 1662, in-8, vél.

249. Buchan (G.). Médecine domestique. Paris, 1789, 5 vol. in-8, rel. v.

250. Celsi (A.-C.). De re medica. — Q. Sereni, liber de medicina. — Q. Rhemnii, Pannii Palæmonis de ponderibus et mensuris liber. — In Cornelii Taciti Annalium libros Æmylii Ferreti Jurisconsulti annotatiunculæ. Lugduni, Gryphium, 1542, in-8, rel. v.

251. Chirurgie. Paris, 1790-1806. 5 vol. in-4, cart., 113 pl. (Encycl. méth.).

252. Codex, Pharmacopée franç. Paris, Bechet, 1837, in-8, br. n., r.

253. *Debay (A.)*. Mystères du Sommeil et du Magnétisme. Paris, 1845, in-12, br. fig.

254. De la Prostitution dans la ville de Paris. Rech. sur l'Acarus. Du régime alimentaire des Anciens, etc. 22 br. in-8, d. 1 c.

255. Deleboc Sylvius (F.) Opera medica, tam hactenus inedita, quam variis locis et formis edita. Amstelodami, Elsevirium, 1679, in-4, rel. v.

256. De l'Eclectisme. L'existence de l'homme et la Liberté morale. L'Etre en général et l'Etre organisé en particulier. 13 br. in-8, dont 1 c.

257. De recondita Febrium intermittentium. Genevæ, 1769, in-8, rel. v.

258. Desault (P.). Dissert. de médecine sur les maladies vénériennes, la rage, la phthisie, la goutte, etc. Bordeaux et Paris, 1733-36. 3 vol. in-12, rel. v.

259. Dolæus (J.). Encyclopœdia medicinæ theoreticæ-practicæ. Amstelodami, 1686, in-4, rel. v.

260. Du Laurens (A.). Ses Œuvres. Paris, 1639, in-fol., rel. v. fig.

261. Ethmulleri (M.). Operum omnium. Lugd., 1690, 2 vol. in-fol., rel. v. (Le moine médecin).

262. Étude de la Phrénologie, de l'Homéopathie, de l'Irritation et de la Folie, etc. 16 br. in-8, d. 1 c.

263. Fernelii (J.). Universa medicina. Genevæ, 1627, fort in-8, vél.

264. Fontani (J.). Methodus generalis et specialis cognoscendi et curandi morbos. Parisiis, 1612, in-8, vél.

265. Fontanono (D.). De morborum internorum curatione. Lugduni, 1560, in-8, vél.

266. Foresto (P.). Observat. et curat. medicinalium libri. Francof., 1602, in-fol., rel. v.

267. Fouquet (Mme). Les remèdes charitables. Lyon, 1681, in-12, rel. v.

268. Fuchsium (L.). Commentarii in Hippocratis aphorismos. Parisiis, 1545, in-12, rel. v.

269. Galeni (C. P.). De inequali intempest. de differentiis febrium, de laborantium locorum notitia. Parisiis, 1550-54. 3 tom. en in-4, vél.

270. *Id.* Epitome operum. Basileæ, 1551, in-fol., rel. v.

271. Geoffroy (S. T.) Tractatus de materia medica. Parisiis, Desaint, 1741, 3 vol. in-8, rel. v.

272. Hippocratis Coil. Opera quæ apud nos exstant omnia, per J. Cornarium latina ling. conscripta. Parisiis, C. Guillard et G. Desbois, 1546, 2 vol. in-8, vél. (Bel exempl.).

273. *Id.* Commentaria in. Francof., 1602, in-fol. vél.

274. *Id.* et Galeni ordo et ordinis ratio in legendis libris (1541). Anatomica omn. hum. corp. partium descriptio (1543). Chiromantia, Physiognomia, Periaxiomata, Canones astrologici, Astrologia naturalis, Dominium planetarum, etc., en in-fol., rel. v., fig. bois. (Très-curieux).

275. *Id.* M. coacæ prænotiones. Lut.-Par., 1658, in-fol., rel. v.

276. *Id.* Opera. Basileæ, 1558, in-fol., rel. v.

277. *Id.* Opera omnia quæ extant gr. et lat. Francof., 1624, fort in-fol., rel. v.

278. Histoire de la Jonglerie ou les Phénomènes du Mesmérisme. — Requête burlesque et arrêt de la cour du Parlement cont. la supp. du magnétisme animal. — Extase. — La Prévision. 14 br. in-8, d. 1 c. gr.

279. Hollerius (J.). De morbis internis liber. Parisiis, Perier, 1611, in-4, vél.

280. Hundertmarck (C.-F.). Liber singularis de incrementis artis medicæ per expositionem ægrotorum apud veteres, in vias publicas et templa. Lipsiæ, 1749, in-4, rel. v. pl.

281. Jackson (J.). Enchiridion Medicum theor. practicum. Norimb., 1716, in-12, long, rel. v.

282. Kleinius (D.-L.-G.). Interpres clinicus, sive de morborum indole. Amstelodami, 1769, in-8, rel. v.

283. Lommius (J.). De curandis febribus continuis liber. — Sanitatis tuendæ præcepta per J. Gesnerum. — J. Bessoni, de absoluta ratione extrahendi olea et aquas e medicamentis simplicibus. Antuerpiæ, 1563, in-12, rel. v. (Curieux.)

284. Magne. Hygiène de la vue. Paris, Truchy, 1847, in-8, br., n. r.

285. *Id.* *Id.* *Id.* 2e éd., 1854.

286. Magnus (A.). De secretis mulierum. Amst., 1643, in-12, vél.

287. *Id.*, édit. de 1648.

288. Maladies des armées. — Traité des tumeurs. — Maladies vénériennes. — Fièvres, Accouchements, Maladies des femmes, etc. 96 vol., dif. form.

289. Manuel des Dames de Charité. Paris, 1775, in-12, rel. v., fig.

290. Médecine militaire, ou Traité des Maladies tant internes qu'externes, auxquelles les militaires sont exposés dans leurs différentes positions de paix et de guerre. Paris, 1778, 7 vol. in-8, br.

291. Mercato (L.). De mulierum affectionibus. Venetiis, 1602, in-4, vél.

292. Mesuæ (J.). De re medica. J. Sylvio int. Parisiis, 1544, in-f°. rel. v.

293. *Id.* *Id.* Lugduni, 1548, pet. in-8, vél.

294. Michéa (C.-F.). Traité de l'Hypochondrie. Paris, Labé, 1845, in-8, br., n. r.

295. Miscellanea medico-physica Academiæ naturæ curiosorum Germaniæ. Parisiis, Billaine, 1672, in-4, rel. v. pl.

296. Montani (J.-B.) Consilia de variorum morborum curationibus. Basileæ, 1557, in-8, vél.

297. Morton (R.). Opera medica. Lugduni, 1737, 2 vol. in-4, rel. v. pl.

298. Muys (J.). Praxis chirurgica rationalis. Lugd. Bat. 1684, in-12, rel. v., fig.

299. Nenter (G.-P.). Fundamenta medicinæ theoretico-pratica. Argentorati, 1718, 2 vol. in-4, rel. v.

300. Observ. sur la Phrénologie. Craniologie. — Philosophie médicale. — Système phrénologique, etc., 11 br. in-8, d. 1. c.

301. Pinæi (S.). L. Bonacioli, F. Plateri, P. Gassendi, M. Seblzii, de integritatis et corruptionis virginum notis, etc. Amst., 1663, in-12, rel. v. Fig.

302. Piso (N.). De cognoscendis et curandis internis humani corporis morbis. Lipsio, 1766, 2 vol. in-8, rel. v.

303. Pitcarnius (A.). Opuscula medica. Roterodami, 1714, in-4, rel. v.

304. Plazzonus (F.). De partibus generationis. Lugd. Bat., 1644, in-12, vél., fr. gr.

305. Plutarque. Les règles et préceptes de santé, trad. par J. Amyot. Paris, 1785, br. in-8.

306. Praxis Barbetiana cum notis et obs. F. Deckers. Amst., 1678, in-12, rel. v.

307. Primeriosus (J.). De Febribus. Roterodami, 1658, in-4, vél.

308. *Id.* De mulierum morbis et symptomatis. Roterodami, 1655. — N. Highmori de hysterica et hypochondriaca passione, responsio epistolaris ad doct. Willis. Londini, 1670, in-4, vél.

309. Puzos. Traité des accouchements. Paris, 1759, in-4, rel. v.

310. Question Homéopathique. État et Hist. de l'Homéopathie. — Parallèle de l'Homéopathie et de l'Allopathie, etc. 13 br. in-8, d. 1 c.

311. Ramazzini (B.) Opera omnia medica et physica. Genevæ, 1716, in-4, rel. v., pl.

312. Riolanum (J.). Universæ medicinæ compendia. Parisiis, 1598, in-8, vél.

313. *Id.* Encheiridium anatomicum et pathologicum. Parisiis, 1658, in-8, rel. v. port.

314. Riverii (L.) Opera medica universa. Lugd., 1679, in-fol., rel. v.

315. Rondeletius (G.). Methodus curandorum omnium morborum corporis humani. Parisiis, 1575, fort in-8 rel. v. (*Manque 6 f. de la table qui sont manuscr.*)

316. Savonarolæ (J. M.). practica canonica de Febribus. Venetiis, 1552, in-fol. vél.

317. Schedel et Cazenave, maladies de la peau. Paris, Labé, 1847, in-8, br., n. r. Fig.

318. Sennerti (D.) operum. Lugd., 1650, 3 vol. in-fol., port.

319. Solenandri (R.) consiliorum medicinalium sectiones. Francof., 1596, in-fol., vél.

320. Sponii (J.) Aphorismi novi ex Hippocratis. Lugd., 1684, in-12, rel., v.

321. Stenonis (N.) De musculis et glandulis. Amst., 1664, in-12, rel., v. Fig.

322. Sur la strangulation. — Les noyés. — Asphyxie par le charbon. — Le suicide. — L'aliénation mentale, 18 br. d. 1. c. fig.

323. Sur les effets de la terreur. — Recherches sur le jaune d'œuf. — De l'Apoplexie. — Serment d'Hippocrate. 1 lot.

324. Sydenham (T.). Opera medica. Genevæ, 1736, 2 vol. in-4, rel., v., port.

325. Terme Porrettane (delle). Roma, 1768, in-4, vél., pl.

326. Theses ex scholis Paris et Monspel. Theor. et proct., 3 vol. in-4, cart.

327. Tillingii (M.) rhabarbarologia curiosa. Francof., 1679, petit in-4, rel. v. Fr. gr., pl.

328. Tissot. Tr. des Nerfs et l'Onanisme. Paris, 1765, 3 vol. in-12, br.

329. Tractatus de morbis cutaneis. Parisiis, Cavelier, 1777, in-4, rel., v.

330. Van Swieten (G.). Commentaria in H. Bœrhaave aphorismos de cognoscendis et curandis morbis. Parisiis, Cavelier, 1771, 5 vol. in-4, br.

331. Werlhof (P. G.). Observationes de febribus intermittentibus. Venetiis, 1764, in-8, rel. v.

332. Willis (T.). Cerebri Anatome. Amst., 1667, in-12, rel. v. Fig.

333. *Id.* Opera omnia cum elenchis rerum et indicibus necessariis, ut et multis figuris æneis. Lugduni, 1681, 2 vol. in-4, rel. v., port. et pl.

334. Zacuti (L.) Praxis historiarum. Lugd., 1644, in-fol.

SCIENCES MATHÉMATIQUES.

Mathématique. — Astronomie. — Marine. — Art militaire, etc. — Magie.

335. Amusements des sciences. Paris, 1792, in-4, cart., 36 pl. (Encycl. méth.)

336. Bourdon. Application de l'algèbre à la géométrie. Paris, Bachelier, 1828, in-8, br. Fig.

337. Callet. Tables de logarithmes (F. Didot, 1795), in-8. — Résolution des équat. numériq. (1808), in-4. — Résumé des leçons de trigonom. (27 ff.).

338. Leroy (J. B.). Du calcul mental et du cercle de Borda. Paris, 1840, in-8, rel. Fig.

339. Mathématique et jeux familiers. Paris, 1784-96, 7 vol. in-4, cart., 124 pl. (Encycl. méth.).

340. Monge (G.). Géométrie descriptive. Paris, an VII, in-4, br. Pl.

341. *Perini* (Lod.) Geometria pratica, per misurar terre, acque, fieni, pietre, grani, fabbriche, ed altro. Venezia, 1750, pet. in-4, el vel. Fig. bois.

342. *Peyrot*. Encyclopédie mathémat. Paris, 1829, 3 vol. in-8, dem. rel.

343. Zoéga (F.). Cours de géométrie. Paris, Lecoffre, in-8, br. n. r., planches.

344. Condorcet. Sur l'astronomie et le calcul des probabilités. Paris, 1812, br. in-8. — Comète, art. ext. de l'Encyclopédie, br. in-8.

345. Pontécoulant (G. de). Théorie du système du monde. Paris, Bachelier, 1834, 3 vol. in-8, dem. rel.

346. Marine. Paris, 1783-87, 7 vol. in-8, cart., 173 pl. (Encycl. méth.)

347. Pavillons ou bannières des nations, et art de bâtir les vaisseaux. Amst., 1718, 2 tom. en in-4. Fig.

348. Art militaire. Paris, 1784-97, 8 vol. in-4, cart. 61 pl. (Encycl. méth.)

349. Brancatio. Della vera disciplina. Ven., 1582, in-fol. cart.

350. Cinuzzi. La vera militar disciplina antica e moderna. Siena, 1604, in-4, d. rel.

351. Drummond de Melfort (comte). Traité sur la cavalerie. Paris, Desprez, 1776, in-fol., dem. rel., pl.

352. Errard (J. de Bar-le-Duc). La fortification démontrée et réduite en art. Paris, 1620, in-fol. cart. Fig.

353. Priorato (Comte G. G.). Il guerriero prudente e politico. Venetia, 1640, in-4, vél., fr. gr.

354. Remigio. Orazioni militari. Vinegia, 1585, in-4, rel. v.

355. Navier. Mém. sur les ponts suspendus. Paris, imp. roy., 1823, in-4, br.

---

356. Contagion sacrée, ou Hist. nat. de la superstition. Londres, 1775, 2 tom. en in-12, dem. rel.

357. *Indagine* (Joanne). Introductiones apotelesmaticæ elegantes, in chyromantiam, physiognomiam, astrologiam naturalem, complexiones, etc. Francofurti, 1549, petit in-8 rel. bois. Fig. bois.

358. Livre d'Or, révélations des destinées humaines. — L'Oracle, 2 vol. in-12, br.

359. *Rosarium* philosophorum. Secunda pars alchimiæ de lapide philosophico vero modo preparando, continens exactam eius scientiæ progressionem. Francofurti, 1550, in-4, cart., fig. bois. (Exempl. fatig.)

BEAUX - ARTS.

Introduction. — Peinture. — Gravure. — Architecture. — Musique.

360. Album des deux frontières. — Vues des envir. de Bayonne. Bayonne, 21 lith. in-4. obl., dem. rel. v.

361. Beaux-arts. Paris, 1788, 1805, 5 vol in-4 cart., 115 pl. (Encycl. méth.)

362. Causes qui ont influé sur les progrès de la peinture et sculpture chez les Grecs. — Essais sur la peinture allemande, italienne, du moyen âge, sur verre, etc.—Notice des monuments des arts. *Id.* sur les manuf. des Gobelins. — Gravure, etc. 11 br. in-8, d. 1 c.

363. Gersaint. Catalogue des cabinets de M. Bonnier (Estampes, tableaux, bijoux, etc.). Paris 1744, in-12, rel. v.

364. Hugone (H.). Pia Desideria. Parisiis, 1670, in-16, rel. v. fig.

365. Lafontaine (Gravures pour les fables de). In-8 cart., non rogné.

366. Lairesse (G. de). Le grand livre des peintres. Paris, 1787, in-4, dem. rel., fig. (t. 1.)

367. Les paysagistes hollandais. — Examen du tableau de Gérard. — Etat de la peinture en Italie. — De la peinture des anciens, 9 br. in-8 d. 1 c.

368. Ossian. 35 planches gravées in-4 en feuilles.

369. Reynolds (J.). Discours à l'Acad. royale de peinture de Londres. Paris, Moutard, 1787; 2 tom. en in-8, rel. v.

370. Sur l'obélisque de Louqsor. — Théâtres antiques. — Sur la statue la Vénus de Médicis, etc. 11 br. in-8 d. 1 c. gr.

371. Wattelet. Dictionn. des arts de peint., sculpt. et grav. Paris, 1742, les 4 prem. vol. in-8, rel. v.

Architecture.

372. Art de former les jardins. Paris, 1771, in-8, rel. v., pl.

373. Barrozzi (J.) de Vignole. Œuv. compl. publ. par Lebas et Debret. Paris, Didot, 1815, gr. in-fol., dem. rel. m. bleu, 72 pl.

374. Blondel (F.). Cours d'architecture. Paris. 1675, 3 part. en 2 vol in-fol., rel. v., fig.

375. Camus de Mézières (Le). Génie de l'architecture. Paris, 1780, in-8, rel. v., pl.

376. Caporali (M. G. di Perugia). Architettura, 1536, in-4 vél., fig. tach.

377. Capra (Aless.). Nuova architettura tamigliare. Bologna, 1678, pet. in-4 vél., fig. sur bois.

378. Clochard (P.). Palais, maisons et villes d'Italie. Paris, 1809, in-fol. cart., fig.

379. Cousin. Du génie de l'architecture. Paris, Didot, 1822, in-4 cart., 60 pl.

380. David (P.-J.) et Vaudoyer. Statue et bas-relief du monument du général Foy. Paris, Leroux, 1831, in-fol., dem. rel.

381. Detournelle. Recueil d'archit. nouvelle. Paris, 1805, 2 part. en feuilles in-4.

382. Durand (J.-N.-L.). Recueil et parallèle des édifices de tout genre anc. et mod. Paris, Gillé, an VIII, gr. in-fol. obl., rel. v., pl. (manq. 1 pl.).

383\. Fresco decorations and stuccoes of church and palace in Italy, avec une descript., par L. Gruner. Gr. in-fol., 1844, en un cart. (Très-bel exempl., fig. noires et color.)

384\. Grapaldi (Franc.) de partibus ædium libellus. Parmæ, 1501, in-4, d. rel.

385\. Krafft (J.-C.). Plan des plus beaux jardins pittoresques, texte français, angl. et allem. Paris, Levrault, 1809-10, 2 vol. in-fol. cart. obl., fig.

386\. Labacco (A.). Architettura. Venetia, 1584, in-fol. vél., fig.

387\. Milizia (Fr.). Principii de architettura civile. Bassano, 1813, 3 vol. in-8 br., planches.

388\. Museo Moscardo. Verona, 1672, in-4 vél., fig.

389\. Normand (C.). Recueil de plans et façades. Paris, s. d. 53. pl. pet. in-fol. cart.

390\. Peyre (M. J.). Architecture avec supp. Paris, 1765, 2 vol. in-fol. cart., fig.

391\. *Id.* Œuvres d'architecture. Paris, 1818, in-fol., dem. rel., figures.

392\. Rome moderne (Edifices de), par P. Letarouilly. Paris, Didot, 1840, in-4 br. et atlas in-fol. de 114 pl., dem. rel., dos et coins m. bleu, n. rog.

393\. Rondelet (J.). Traité théor. et prat. de l'art de bâtir. Paris, 1802-17, avec intr., 8 vol. in-4.

394\. Savot (L.). Architecture françoise des bastiments particuliers, suiv. de mém. p. servir à certains articles de la coutume de Paris, par Blondel. Paris, 1673, in-8, rel. v.

395\. Sganzin (J.). Résumé des leçons du cours de construction. Paris, 1809, in-4 br., pl.

396\. Stieglitz (C.-L.). Plans et dessins tirés de la belle architecture. Leipzig, 1800, in-fol., dem. rel., 115 pl. gr.

397\. Vagnat (J.-M.). Dict. d'architecture. Grenoble. 1827, in-8, dem. rel. v.

398\. Valadier (G.). Raccolta di varie fabbriche ed altri oggetti d' arte. Roma, 1833, in-fol., dem. rel. n. rog., fig.

399\. Vitruvii (M.) de architectura libri X. Pet. in-8, anc. rel., tr. dor., fig. s. bois.

400\. Zonca (V.). Novo teatro di machine, opera necessaria agli architetti. Padova, 1607, in-4, fig. (curieux).

PLANS ET COSTUMES

des cités, villes, villettes et châteaux des quatre parties du monde au XVIe siècle. Fig. color.

401. *Afrique*. 7 pièces in-fol.
402. *Allemagne*. 169 pièces in-fol.
403. *Angleterre*, Ecosse et Irlande. 21 pièces in-fol.
404. *Danemarck*, Suède et Norwége, 33 pièces in-fol.
405. *Espagne* et Portugal. 50 pièces in-fol.
406. *France*. 38 pièces in-fol.
407. *Hongrie*, Croatie, Transylvanie. 20 pièces in-fol.
408. *Indes* orientales et occidentales. 12 pièces in-fol.
409. *Italie*, Sicile, Dalmatie. 63 pièces in-fol.
410. *Pays-Bas*. 97 pièces in-fol.
411. *Pologne*, Lithuanie et Moscovie. 18 pièces in-fol.
412. *Turquie*. 16 pièces in-fol.

---

413. Boccherini. 93 quintetti (6 part.) et 52 trios. Paris, Janet et Cotelle, forte liasse.
414. De la danse. — Violonistes célèbres. — Hist. des arts. — Hist. des arts en Italie, etc. 10 br. in-8.
415. Ribon. Parodies bachiques. Paris, Ballard, 1695, in-12, rel. v., musique.
416. Sacrifice interrompu (Le). Opéra en 3 a. de Desaur et Saint-Geniez, musique de Winter. Paris, s. d., in-fol. br.

ARTS ET MÉTIERS.

Typographie — Art culinaire. — Mélanges.

417. Art de dîner en ville. — Manuel de l'amateur d'huîtres. — Bréviaire du gastronome. Paris, 1810-28, 3 vol. in-12, br. Fig.
418. Arts, métiers et manufactures. Paris, 1782-91, 28 vol. in-4 cart., 2089 pl. (manq. la 99e liv. de texte.) (Encycl. méth.)

419. Barbe. Le parfumeur françois. Lyon, 1693, in-16, rel. v.

420. Chasses. Paris, an III, in-4, cart. (Encycl. méth.)

421. Duhamel du Monceau. L'art du serrurier. 1767, in-fol. dem. rel. 43 pl.

422. Emery (D'). Recueil de secrets et curiositez. Amst. s. d. 2 vol. in-12, rel. v. Fig.

423. Equitation. — Escrime. — Danse. — Art de nager. Paris, 1786, in-4, cart. 16 pl. (Encycl. méth.)

424. Tredgold (T.). Art de chauffer et d'aérer les édifices publics, et de la chaleur appliquée aux arts et manufact. par Bulos. Paris, 1825, 2 vol. in-8 et in-12, br.

425. Grecs (Hist. des), ou de ceux qui corrigent la fortune au jeu. La Haye, 1757, in-12, rel. v.

426. Guide du chauffeur, avec pl. — *Id.* du mécanicien const. — Atlas. — De l'éclairage au gaz. 6 vol. et atlas, in-8.

427. Kresz (C.). Le pêcheur français. Paris, 1847, in-12, br. n. r. Fig.

428. Lalanne (L.). Essai sur le feu grégeois et sur la poudre à canon. Paris, 1842, br. in-8.

429. Morin (A.). Leçons et aide-mémoire de mécan. prat. Paris, 1837-46, 4 vol. in-8, dem. rel. pl.

430. Pêche. Paris, 1793, 2 vol. in-4, cart. 114 pl. (Encycl. méth.)

431. Senefelder (A.). L'art de la Lithographie. Munich, 1819, in-8, br.

432. Stéréotypie. Impression mi-type.—Eclaircissements sur la Bible dite de Bæmler. — Annales typog. de Maitaire. — Origine de l'Imprimerie et des caract. orientaux. 12 br. d. f.

433. Viart. Le Cuisinier Royal. Paris, Barba, 1838, in-8, dem. rel. pl.

434. *Id. Id.* de 1844, in-8, br. n. r.

BELLES LETTRES.

LINGUISTIQUE.

Grammaire génér.— Langues grecque, latine, française, étrangères, etc. — Auteurs grecs et latins.

435. *Arnauld et Lancelot*. Grammaire de Port-Royal. Paris, 1809, in-8, br.

436. Calepini (A.) Dictionnarium lat.-heb.-gr.-gall.-it.-germ. et hisp. Lugduni, 1578, in-fol., rel. v.

437. De Sacy (S.). Grammaire arabe. Paris, imprim. imp., 1810, 2 vol. in-8, dem. rel., pl.

438. Destutt-Tracy. Eléments d'idéologie. Paris, Didot, an IX, in-8, dem. rel. v.

439. *Id.* Idéologie, grammaire, logique. Paris, 1804-05, 3 vol. in-8, dem. rel.

440. Erpenius (T.). Rudimenta linguæ arabicæ. Lutetiæ, 1638, in-8, rel. v.

441. Girault-Duvivier (C. P.). Grammaire des grammaires. Paris, Janet et Cotelle, 1822, 2 vol. in-8, rel. v.

442. Grammaire et littérature. Paris, 1782-86, 6 vol. in-4 cart. (Encycl. méth.)

443. Grégoire. Rap. à la Conv. nat. sur la nécessité et les moyens d'anéantir le patois et d'universaliser l'usage de la langue française. Paris, l'an II, in-8 br.

444. La synonymologie. Nature du langage. Variations du langage fr. Défense et illust. de la langue fr., etc. 6 br. in-8 d. 1 c.

445. Lexicon græcum. Parisiis, 1523, in-4, dem. rel.

446. *Id.* gr.-lat. Basileæ. 1548, pet. in-fol., rel. v. (Bel exempl.)

447. Logique. Paris, 1786-91, 8 vol. in-4 cart. (Encycl. méth.)

448. Marin (Abate D.-F.). L'Italiano istruito nella cognizione della lingua spagnuola. Roma, 1833, in-8 br.

449. Martinez (D. F.). Gramm. espagnole. Bordeaux, 1825, in-8, dem. rel. v.

450. Maury (Cardinal I. Sifrein). Essai sur l'éloquence de la chaire. Paris, Martin, 1842, 2 vol. in-8 br.

451. Méril (E. du). Essai philos. sur la formation de la langue fr. Paris, Franck, 1852, in-8, dem. rel. v.

452. Novitius, seu Dict. latino-gallicum. Lut. Par., 1721, 2 vol. gr. in-4.

453. Ollendorff. Nouvelle méthode pour apprendre à lire, écrire et parler une langue en six mois, appliquée à l'allemand et à l'anglais. Paris, 1854, 7 vol. et br. in-8.

454. Origine de la langue fr. — Questions grammaticales. — Essai sur les langues, etc. 11 br. in-8 d. 1 c.

455. Peignot (G.). Monuments de la langue franç. depuis son orig. jusqu'au XVIIe siècle. — Textes religieux franç. des XII, XIV et XVe siècles. Br. in-8.

456. Recueil cont. commentaire d'Ibnou-Ischana, célèbre grammairien, etc., etc. — Ouvrage classique oriental. 760 p. in-4, rel. orient.

457. Sabbagh (M.). La colombe messagère, texte arabe en regard. Paris, imp. imp., 1805, in-8, dem. rel. v.

458. Thomassino (L.). Glossarium univ. hebraïcum. Parisiis, 1647, in-fol., dem. rel.

459. Trévoux. Dictionnaire universel fr.-lat. Trévoux, 1704, 3 vol. in-fol., rel. v.

460. *Id.* Dict. univ. fr.-lat. avec suppl. Paris, 1743-52. 7 vol. in-fol., rel. v. (Bel exempl.)

---

461. Aristotelis Ethicæ, idiom. græco, s. l. n. d., in-8 vél. tr. d'or.

462. Cicéron. La République, traduct. de Villemain. Paris, Michaud, 1823, 2 vol. in-8, dem. rel., fig.

463. *Id.* Orat. P. Manutii comment. Venetiis, 1578, in-fol. rel. vél.

464. *Id.* Oraisons choisies, trad. par M. de Wailly, texte en reg. Paris, Delalain, 1808, 4 vol. in-12, rel. v.

465. Demosthenis et Oschinis opera. Basileæ, 1572, fort in-fol., rel. v.

466. Dissertationum ludicrarum et amænitatum scriptores varii. Lugd. Bat., 1644, in-12, rel. v.

467. Heinsii (D.) Orationes. Lugd. Batav. Lud. Elzév., 1565, in-12 vél.

468. Procopii de Justiniani ædificiis orationum sex. Moguntiæ, 1538, in-8 vél.

469. Ravisii Textoris (I.) Officinæ et Cornucopiæ Epitimes. Lugd, Gryphii, 1560, 3 tom. en in-8, rel. v.

470. Stobæi Opera, s. l. n. d., in-4, rel. v. (Manq. le titre.)

471. Taciti (Corn.) Opera a Justo Lipsio recensita. Antuerpiæ, 1648, in-fol., mar. r. fil.

472. Tacitus (C.-C.). Ex J Lipsii accurat. edit. Lugd. Bat. ex off. Elz., 1634, 2 vol. in-12, rel. v. port. fr. gr.

POÉSIE.

Introd.— Poëtes Grecs, Latins, Français, Italiens, Etrangers.

473. Amores D. Baudii, edente P. Scriverio. Lug. Bat. apud F. Hegerum et Hackium, 1638, petit in-8, port.

474. Anacréon et Sapho (Les Poésies de), traduites par Mme Dacier. Amst., 1716, in-8, rel. v. Fig. gr.

475. Bezæ (T.), M. A. Mureti, J. Secundi, Juvenilia, sive Amœnitates poeticæ. Lugd. Bat. Barbou, 1779, in-12, rel. v. tr. dor. port.

476. Buchanano (G.). Psalmorum Davidis Paraphrasis poetica. Lutetiæ, Rob. Steph. 1580, in-16, rel. v.

477. Carro (Ann.). L'Eneide di Virgilio. Padova, 1613. Trevise, 1603, in-4, fig.

478. Catullus, Tibullus, et Propertius. Parisiis, Barbou, 1754, in-12, rel. v., tr. dor. port.

479. *Id. Id.* 1792, in-12, br., portraits.

480. Claudianus (C.). Ex optimorum codicum fide. Amsterodami, 1620, in-32, rel. v., fr. gr.

481. Collectio pisaurensis. Pis., 1766, 6 vol. in-4, br.

482. Erasmi (D.) Stultitiæ laudatio. Londini, Barbou, 1765, in-8, dem. rel. v.

483. Gallimaque le Cyrénéen. — Hymnes trad. en lat. et en fr. par Petit-Radel. Paris, 1808, in-8, dem. rel. v.

484. Gellii (A.) Noctium atticarum libri, et Petri Criniti de honesta disciplina. Parrhisiis in æd. Jodici Badii, 1519-20, 2 tom. en in-fol. rel. v.

485 Hensii (N. D. F.) Poemata. Lugd. Bat. Elz. 1653, in-12, vél. tr. dor.

486. Homère. (Essai sur le génie original d'.)—Paris, 1777, in-8, dem. rel. v. carte.

487. *Id.* L'Odyssée. Trad. par Mme Dacier. Paris, Rigaud, 1716, 3 vol. in-12, rel. v. Fig.

488. *Id.* Quæ extant omnia. Aureliæ Allob. 1606, in-fol. rel. v. fil. tr. dor. aux In. de la Sorbonne.

489. Lucani (M. A.) Pharsaliæ sive de bello civili cum notis H. Grotii. Amst. 1643, in-12, vel. fr. gr.

490. *Id.* Pharsalia. Paris, Lemaire, 1830 (Tom. I.) in-8.

491. Lucretii Cari (T.), de rerum natura. Lut. Par. Barbou, 1754, in-12, rel. v. gr.

492. *Id.* De rerum natura libri. Lut. Par. Barbou, 1754, in-12, rel. v. fil. tr. dor. Fig.

493. Martialis (M. V.) Epigrammata cum notis T. Farnabii. Amst., Blaeu 1644, pet. in-12, fr. gr.

494. Æsopi, Aniani et Abstemii Fabulæ. Parisiis Rob. Steph. 1537, in-8, dem. rel. v.

495. Ovide. L'Art d'aimer et le Remède d'amour. Paris, 1803, in-8, br. Fig.

496. *Id.* Metamorphoseos, cum commentariis. Ven. B. de Bindonibus, 1540, in-4, cart. Fig. sur bois.

497. *Id.* Fastorum libri cum notis et interp. gallica de Marolles. Lut. Par., 1660, in-8, vel.

498. *Id.* Libellus in ibin, avec trad. en franç. et vie du poëte. Paris, Billaine, 1661, in-8, rel. v.

499. *Id.* Opera quæ supersunt. Parisiis, Barbou, 1793, 3 vol. in-12, rel. v.

500. Perse et Sulpicia (Satires de), trad. en vers fr. par le Mis de la Rochefoucauld-Liancourt. Paris, Morris, 1857, in-8, rel. m. r., fil. tr. dor.

501. *Id.* Satyræ. Basileæ, 1578, in-4, cart.

502. Phèdre. Les Fables tr. en fr. Paris, 1702, in-8, rel. v. (Aux armes de la M[se] de Pompadour.)

503. *Id.* Fabulæ. Lut. Par. Grange, 1748, in-12, rel. v., fr. gr.

504. *Id.* Fabulæ. Avec la traduct. de la Fontaine. Parisiis, Barbou, 1783, in-12, rel. v., tr. dor., fr. gr.

505. Plaute. Comédies, trad. par Mlle Le Fevre. Paris, 1683, 3 vol, in-12, rel. v.

506. *Id.* Comædiæ quæ supersunt. Parisiis, Barbou, 1759, 3 vol. in-12, rel. v. tr. dor.

507. Sarbievii (M. C.) e societate Jesu. Carmina. Parisiis, Barbou, 1759, in-12, rel. v.

508. Senecæ (L. et M. A.) Tragædiæ cum notis T. Farnabii. Amst., Janssonium, s. d. in-12, vél., fr. gr.

509. *Id.* Opera a Justo Lipsio emendata. Antuerpiæ, 1652, in-fol., mar. r., portr.

510. Sophoclis Commentatio explicationis omnium tragediarum. Basileæ, 1556, in-8, cart.

511. Terentii Comædiæ, interp. Ælio Donato, etc. Tusc., 1526, in-4, vél. fig. bois.

512. *Id.* Comœdiæ. Londini, Knapton, 1751, 2 vol. in-8, rel. v. fig.

513. Virgilii (P. M.) Opera, M. S. Honorati in eadem commentarii. Castigationes et varietates virgilianæ lectionis, per I. Pierium Valerianum. Parisiis, Rob. Stephani, 1532, in-fol., rel. v.

514. *Id.* Opera quæ extant omnia. Parisiis, Lefevre, 1821, 2 vol. in-16, cart.

---

515. *Almanach* des Muses, depuis 1765 à 1816, et nouvel Almanach des Muses 1802-10, réunis, 39 vol. in-18, rel. v., fil. tr. dor. (Bel exempl.)

516. *Id.* Pièces échappées aux 16 premiers. Paris, s. d., in-12 br. fr. gr.

517. Anglemont (E. d'). Amours de France. Paris, Gosselin, 1841, in-8 br.

518. Bible des Noëls. Pastorale sur la naiss. de J.-C. Dinan, 1765, 2 br. in-12. Vie et adorations des trois rois.

519. Boyer. Caractères des Prédicateurs et autres Poésies chrétiennes. Paris, 1695, in-8, rel. v.

520. Chansonniers du Gastronome et des Théâtres. Paris, 1825, 31, 2 vol. in-12 br. fig.

521. Chenier (de). Epître à Voltaire. Paris, 1806, Didot, br. in-4.

522. Choiseul (C^sse^ de). Jeanne d'Arc. Paris, Delaforest, 1829, in-8 br.

523. Civilité parmi les honnêtes gens. Les quatrains de M. de Pybrac. Br, in-8, caract. de civilité.

524. *Delille* (J.). L'Imagination, poëme. Paris, Didot, 1816, 2 vol. in-8, dem. rel. v. n. rog. fig.

525. *Id.* Poésies. Paris, 1828, in-8 br.

526. Deschamps (E.). Etudes franç. et etrang. Paris, 1829, in-8 br.

527. Festin du roi boit. Noël Bourguignon, par La Monnoye. *Id.* par J. Sauzay. Destinées de la Poésie. Cours d'Amour. — Obs. sur les Troubadours. 12 br. in-8, d. 1 c.

528. Helie. Poëme heroïqve. Paris, de Sercy, 1661, in-12, rel. v.

529. Hortus Epitaphiorum select, ou jardin d'épitaphes choisies. Paris, 1648, in-12 vél.

530. La Chevalerie dans ses rapports avec la poésie provençale. Compte-rendu d'une nouv. éd. du roman de la Rose. Etudes sur Aristophane. La Vie de l'Homme et la Destruction de Jérusalem (1509). Poésie lyrique. Mémoire sur les Vaux-de-Vire. La Vie et la Mort (XVIe siècle). Deux lettres inéd. de Montaigne, avec facs. 13 br. in-8, d. 1. c.

531. Lamartine (A. de). Jocelyn. Paris, Furne, 1836, in-8, dem. rel.

532. *Id.* Recueillements poétiques. Paris, Gosselin, 1839, in-8, dem. rel. v.

533. Lorris (G. de). Le rommant de la Rose, nouvellement reveu et corrigé. Paris, J. Longis, 1537, in-8, got.-fr., fig. en bois, rel. v. (Bel exemp.)

534. Marot (C.) (Les œuvres de). La Haye, Moetjens, 1700, 2 vol. pet. in-12, rel. v.

535. *Id.* Œuvres choisies. Paris, Didot, 1801, in-18, cart.

536. Passeratii (J.) varia Poëmata, et Poëmes du même, en fr. Paris, Mamert-Patisson, 1603, in-12, rel. v.

537. Poésies nation. de la Révol. franç. Paris, 1836, in-8, br., fig.

538. Poésies révol. et contre-révol. depuis 30 ans. Paris, 1821, 2 tom. en in-12, rel. bois.

539. Pseaumes de la Pénitence, trad. en vers franç. Cantiques et Psaumes. 2 *ms.* in-4, cart. (Curieux.)

540. Recueil de Poésies, Chansons, 2 vol. in-4, rel. v.
Manuscrit de diverses écritures du commencement du dix-septième siècle. (Curieux.)

541. Rhéal (Séb.). Les divines Féeries de l'Orient et du Nord. Texte encadré et b. de lithog. Paris, Fournier, 1843, in-4, br., avec encad. et fig.

542. Santolii (J.-B.) Opera poetica. Parisiis, 1694, in-12, rel. v.

543. Satyres de Perse. — Les Amours. — Poésies érotiques de Parny. 1780, in-8, rel. v.

544. Scarron. Virgile travesti. Paris, 1752, 3 vol. in-12, rel. v.

545. Télémaque dans l'isle de Calypso. Poëme trad. en vers français. Ms. in-4, br.

---

546. Boldoni (S.). La catuda de Longobardi. Milano, 1658, in-12, dem. rel. fr. gr.

547. Butler (S.). Hudibras. Poëme. Trad. fr. par Towneley. (Text. angl. et fr.). Londres et Paris, 1819, 3 vol. in-12, br., port.

548. Corte Real (H.). Naufrage de Manoel de Souza, trad. par Ortaire Fournier. Paris, Carrier, 1844, in-8, dem. rel. v.

549. Curtio Gonzaga. Il fido amante. Mantova, 1582, in-4, dem. rel.

550. De-Luca (Batt.). Il cavaliere e la dama. Romæ, 1675, in-4, vél.

551. Fratta (G.). La Malteide, poema. Ven., 1596, in-4, dem. rel.

552. Gabrielli (Gir.). Lo stato della Chiesa liberato. Vicenza, 1620, in-4, d. r. vél.

553. Garopoli (Gir.). Il Carlo Magno, o vero la Chiesa vendicata. Roma, 1655, in-12, vél.

554. Marino (Cav^{re}). Rime piacevoli. Ms. de 130 p. in-4, rel. vél.

555. Paoluccio. Contin. di Orlando furioso. Venetia, 1543, in-4, vél. port.

556. Petrarca, con l'exposit. d'A. Vellutello. Vinegia, 1550, in-4, rel. v. fig.

557. *Id.* Sonnets, etc., trad. en vers par le comte A. de Montesquiou. Paris, 1842, 2 vol. in-8, br.

558. Pierellio. Vienna diffesa Modena, 1690, in-12, dem. rel.

559. Sempronii (Leone). Il Boemondo, o vero Antiochia difesa. Bologna, 1651, in-12, dem. rel.

560. Tasso (Bern.). L'Amadigi. Venetia, 1633, in-4, d. rel.

561. Tigliamochi (Donna B.). Ascanio errante. Fiorenza, 1640, in-4, dem. rel.

ART THÉATRAL.

Théâtre français et étranger.

562. Anciennes pièces de théâtre, représentées avant 1800, réunies en 31 vol. in-8 et in-12, rel. (Curieux.)

563. Boissy (de). Œuvres de théâtre. Paris, Duchesne, 1758. 9 vol. in-8, rel. v.

564. Corneille (P. et T.). Œuvres. Paris, 1758, 19 vol. in-12, rel. v.

565. Déclamation théâtrale, poëme. Paris, Delalain, 1771, gr. in-8, rel. v., fig. d'Eisen.

566 Duport (P.). Essais littér. sur toutes les pièces de Shakspeare. Paris, Letellier, 1828, 2 vol. in-8 br., port.

567. Hist. des théâtres de la foire, leur origine et leur grande lutte avec la Comédie française. — De la tristesse des auteurs et acteurs comiques. — Les petits Théâtres. — Obs. de Scudéri sur le Cid, sur Shakspeare, sur Alfieri, etc.— Catalogue de la bibl. dram. de M. de Soleinne. 11 br. in-8 d. 1 c.

568. Janin (J.). Hist. de la littérature dramat. Paris, Lévy, 1853, 2 vol. in-12, dem. rel. v.

569. Maurice (Ch.). La vérité. Rachel. Paris, Ledoyen, 1850, br. in-8.

570. Molière. Découverte d'un autogr. — Réfutation impart. Paris, Tresse, 1840, br. in-8.

571. *Id.* Œuvres complètes. Paris, Penaud, gr. in-8 br., port.

572. *Id.* Le médecin malgré lui. In-12, rel. v., fig. (Edit. de 1682).

573. Parnasse des dames. — La mère rivale. — L'amant anonyme, etc., en in-8, rel. v., joli front. de Marillier.

574. Petitot. Répertoire du Théâtre français, depuis Rotrou, avec notices sur chaque auteur. Paris, 1803, 23 vol. in-8 cart., n. rog., fig.

575. Préville et Dazincourt (Mémoires de). Revus et corr. par Ourry. Paris, Baudoin, 1823, in-8, dem. rel. v.

576. Principes qu'on doit suivre dans l'ordonnance des théâtres modernes. Amsterdam, 1769, in-12 br.

577. Racine (J.), et P. et T. Corneille. Œuvres complètes. Paris, Penaud, gr. in-8 br., port.

578. Tablettes dramatiques. — Hist du Théâtre français. Paris, 1752, in-12 rel. v.

579. Talma (F.). Réfl. sur Lekain et sur l'art théâtral. Paris, 1825, br. in-8, av. envoi autographe de Talma au baron de Cuvillers.

580. *Théâtres* (Bibliothèque des). Catalogue des pièces dramat., opéra, parodies, etc., avec anecdotes sur la plupart des pièces, sur la vie des auteurs et acteurs. Paris, 1733, in-8, rel. v., fr. gr.

581. Théâtre. 1,500 pièces anc. et modernes, seront vendues par lots sous ce numéro.

582. Thermopyles (les). Tragédie de circonstance. Paris, Didot, 1791, in-8 cart.

3

FICTIONS EN PROSE.

Apologues. — Romans. — Contes et Facéties.

583. *Abrantès* (duchesse d'). Louise. Paris, Dumont, 1839, 2 vol. in-8 br.

584. Apulée. Les Métamorphoses ou l'Ane d'or, et le Démon de Socrate. Paris, 1770, 2 vol. in-12, rel. v., fig.

585. Bey (Le grand.). Hommage de la Bretagne à Châteaubriand, par 24 écr. bretons. Saint-Malo, 1850, in-8, dem. rel. gr.

586. Bouilly (J.-N.). Mes récapitulations. Paris, Janet, s. d., in-12 br., portraits.

587. Bussy-Rabutin. Hist. amoureuses des Gaules. Paris, 1754, 5 vol. pet. in-12, dem. rel. m. r.

588. Cousin d'Avallon. Contes à rire, ou recueil amusant. Paris, Corbet, 1825, in-12 b.

589. Dahlia (Le). Heures de loisir. Paris, Desenne, 1837, in-8, br.

590. *Dumas* (A.). Isabel de Bavière. Paris, 1835, 2 vol. in-8, br.

591. Du Puget (Mlle). Les Eddas, trad. du scandinave, s. l. n. d., in-8, dem. rel. v.

592. Essai sur la littérat. romant. Paris, Lenormant, 1825, in-8, br.

593. Fénelon. Les avent. de Télémaque. Paris, imp. de Monsieur, 1785, 2 vol. gr. in-4, rel. m. r., fil. tr. dor. (Joli fig. de Monnet.) Bel exempl.

594. Gaston de Foix. Paris, Barba, 1846, 2 vol. in-8, br.

595. Gil-Blas, suivi de la Vengeance trompée par l'Amour. — Une journée des Parques, et des béquilles du Diable boiteux. — Le Diable Boiteux. — Le Roman comique, etc., in-4, dem. rel.

596. Gomberville. La Cythérée. Paris, Courbe, 1640, 4 vol. in-8, rel. v.

597. *Jacob* (Paul L.). La Chambre des poisons, hist. du temps de Louis XIV. Paris, Magen, 1839, 2 vol. in-8, br.

598. James. Le Gipsy. — Le grand Chemin du Roi. Paris, Mansart, 1842-43, 5 vol. in-8, br.

599. Kock (P. de). Un bon Enfant. — La Maison blanche. — L'Enfant de ma Femme. — Un Mari perdu. — Le Bar-

bier de Paris, etc. Paris, Barba, 1842, 19 vol. in-12, br., fig.

600. Le François (A.-B.). Mystères des vieux Châteaux de France, ou amours secrètes des Rois et des Reines. Paris, E. Penaud et Cie, 6 vol. gr. in-8, br., fig.

601. Lesage. Gil Blas de Sant. Paris, Lecou, 1848, fort in-12 br., non r.

602. *Maizières* (Anot de). Étude littéraire du cœur humain. Versailles, 2 vol. in-12.

603. Marryat (Cap.). Aventures de M. Violette. Paris, Gosselin, 1845, 2 vol. in-8, br., n. r.

604. Marryat (Cap.). Jacob Fidèle. — Pauvre Jack. — Le Pirate. — Le Pacha. — Rattlin le Marin. — Le vieux Commodore. — Le Midshipman aisé. — King'stown, etc. Paris, Barba, 1838, 48 vol. in-12, br.

605. Masson (M.). Une Couronne d'épines. Paris, Dupont, 2 vol. in-8, br.

606. Mélanges de romans de Cooper, Paul de Kock, Pigault-Lebrun, Hoffmann. Paris, Barba, 1833-41, 47 vol. in-12, br.

607. *Id.* Walter-Scott, Martonval, Lesage, etc., etc.; ensemb., 32 vol. in-12, br.

608. Mémoires d'une Fille de qualité, s. l., 1742, 2 part. en in-12, rel. v.

609. Mesnard (E.). L'Amiral de Bretagne. Paris, Coquebert, 1842, 2 vol. in-8, br., n. r.

610. Molènes (G.). Valpéri. Paris, Coquebert, 1845, 2 vol. in-8, br., n. r.

611. Monvel. Frédégonde et Brunehaut. Lond. et Paris, Duchesne, 1775, in-8, cart., fig.

612. *Nodier* (Ch.). Inès de las Sierras. Paris, 1837, in-8, br.

613. *Id.* Nouveaux Souvenirs et Portraits. Paris, 1841, in-8, br.

614. Petis de la Croix. Les Mille et un Jours (notes par Loiseleur Deslongchamps.). Paris, 1838, gr. in-8, dem. rel.

615. Pitre Chevalier. La Chambre de la Reine. Paris, Coquebert, 1843, 4 vol. in-8, br.

616. Raymond (M.). Les sept péchés capitaux. Paris, 1833, 2 vol. in-8, rel.

617. République (la) aux enfers, par un ami du diable. Paris, 1851, Tresse, in-8, br.

618. Ricard (A.). Le Viveur. — Le Tapageur. — J'ai du bon tabac. Paris, Barba, 1840-41, 6 vol. in-8, br.

619. Robinson-Crusoé (Aventures de). Paris, Lecou, 1848, fort in-12, br., n. r.

620. Romans. 5,000 vol. anc. et modernes seront vendus par lots.

621. Saint-Aubin (H. de). Don Gigadas. Paris, 1840, 2 vol. in-8, dem.-rel.

622. Saint-Félix (J. de). Les Nuits de Rome. Paris, Lecou, 1854, in-12, br.

623. Souvestre (E.). Le Mât de Cocagne. — La Valise noire. Paris, Coquebert, 1843-44, 4 vol. in-8, br.

624. Swift (Dr). Le Conte du Tonneau, suivi des dissensions entre les nobles et le peuple. La Haye, 1757, 3 vol. in-12, rel. v., fig.

625. Touchard-Lafosse. Rodolphe, ou A moi la fortune. Paris, 1827, 2 vol. in-8, dem. rel.

626. Vander-Burch. La maison maudite. — Hist. de cent ans. Paris, Coquebert, 1843, 2 vol. in-8, br.

627. Van-Lennep (J.). La rose de Dekamà, trad. par Defauconpret. Paris, 1840, 2 vol. in-8, br.

628. Voyage dans le boudoir de Pauline Paris, Maradan, 1800, in-12, rel., v. Fig.

629. Alfieri (V.). Opere varie filosofico-politiche in prosa e in versi. Parigi, Molini, 1800, 01, 3 vol. in-12, dem. rel. v.

629 *bis*. Arioste (l'). Roland Furieux, poëme héroïque, trad. par d'Ussieux. Paris, Brunet, 1775, 4 vol. in-4, rel. mar. 2. fil. tr. dor. Fig. de Moreau et Eisen (Bel exemplaire).

630. Boccace. Contes trad., par E. Rastoin-Brémond. Paris, Camuzeaux, 1835, 2 vol. in-8, dem. rel. Fig.

631. Giuliari. Le donne più celebri. Prato, 1814, 4 vol. pet. in-8, br. Fig.

632. Goëthe. Memoires, trad. par Aubert de Vitry. Paris, 1823, 2 vol. in-8, br. port.

633. Gœthe's Vermischte, Schriften. Paris, 1843, in-4, br.

634. Marmier (X.). Etudes sur Goëthe, 1835. — Faust, trad. par de Lespin, 1840, 2 vol. in-8. br.

635. Raccolta di composizioni diverse, s. l., 1761, 2 vol. in-8, br.

686. Tasse. Les Veillées, texte it. en regard., trad. par B. Barère. Paris, Crapelet 1804, in-12, rel. Fig. m. r. (Aux armes).

PHILOLOGIE.

Satires. — Sentences. — Proverbes. — Bons mots. — Ana. — Dialogues et mélanges.

637. Caraccioli (Marquis). Les caractères de l'amitié. — La jouissance de soi-même. — La grandeur d'âme. — Le tableau de la mort. Francfort, 1760-64, 4 vol. in-12, rel., v.

638. Charlataneria Eruditorum. Amst., 1716, in-12, rel., v. Fig.

639. Dictionnaire d'anecdotes. Paris, Arthus Bertrand, 1808, 2 vol. in-8, br.

640. Diderot. Le neveu de Rameau, dialogue. Paris, Delaunay, 1821, in-8, br., port.

641. Encyclopediana. Paris, 1791, in-4, cart. (Encycl. méth.).

642. Génie du Christianisme (plusieurs examens critiques sur le), fort in-8, br.

643. Lanier de Verton (A.). Des satyres personnelles. Paris, Dezallier, 1689, 2 vol. in-12, rel., v.

644. Longueruana, ou pensées de M. L. D. F. de Longuergue. Berlin, 1754, 2 parties en in-12, rel. v.

645. Perroniana et Thuana. Col. Agr., 1669, in-12, vél.

646. Rivarol, pensées inédites. Paris, Boudon, 1836, in-8, br.

647. Santeulliana, ou les bons mots de M. de Santeuil. La Haye, 1710, petit in-12, rel. v.

648. Scaligerana, Thuana, Perronniana, Pithœnana et Colomesiana, ou remarque de Scaliger, de Thou, etc. Amst., 1711, 2 vol. in-12, rel., v.

649. Syndicat du pape Alex. VII avec son voyage en l'autre monde, s. l. 1669, in-12, vél.

650. Voltaire (les erreurs de), par l'abbé Nonnotte. Lyon, 1770, 2 vol. in-12, rel. v.

651. Dante. Les deux Don Quichotte. Hist. de l'improvisation et de la poésie populaire en Italie. — Etat des lettres en Europe, par la Harpe. — Recherches sur les Mille et une Nuits, etc. 22 br. in-8, d. 1 c.

652. De l'amour et de son influence. Poëme sur les forges (1517). Discours en vers sur les disputes. — Eptîre à Voltaire. — Les Confrères de la Passion. — Prédicateurs grotesques du XVIe siècle, 30 br. in-8, d. 1 c.

653. Guiraud (Baron A.). Flavien, ou Rome au désert. — Césaire

et Mélanges. — Théâtre et poésies. Paris, Amyot, 1845, 4 vol. in-8, br., n. r.

654. Lengleti carmina, Catalectes. Le livre des spectacles. — Les Estreines et les Apophorètes. — Livre auguste, etc., en in-8, rel. v.

655. Les déguisements monstrueux. Correspondance de Mme Dubarry (Facs.). — Industrie et commerce de Paris au XIIIe siècle. — Légende de Robert le Diable. — Mlle d'Aubigné. — Défense de la poésie orient. — Le jour de l'an. Robert Plante-Choux, 44 br. in-8, d. 1 c.

656. Mes soixante ans, ou Souvenirs politiques et littéraires. — Une séance de l'Académie en 1766. — Soirées chez Mme de Staël. — Jaquemart de Dijon. — De la correspondance de Grimm, 15 br. in-8, d. 1 c.

657. Nostradamus. Satires de l'Arioste. — Recherches sur l'Hist. anc. — Mémoire sur la mendicité. — Horace, Théophraste, Juvénal et Perse. — Monuments du 1er âge. — Calendrier. — L'Enfer du Dante, etc., 18 br. in-8, d. 1 c.

658. Notice sur les sermons du P. Marini. Huit sonnets de J. du Bellay. — Deux lettres inéd. de Diderot. — Pouvoir du Pape au moyen âge. — La Papauté aux XIIIe et XIXe siècles. Hist. des Races, etc., 7 br. in-8.

659. Passeport pour l'autre monde. Une noce gasconne. — Hist. des ballons. — Galvanisation du cadavre d'un pendu. — Charte de 1830. — Discours de L. Blanc. — Spécimen de caract. arabes imprimés à Paris l'an V, etc., 1 lct de br. d. 1 c.

660. Portrait des Anglais. 2e évasion de Latude, de la Bastille. — Les Piron. — Les deux Crébillons. — Lettres de Mlle Scudéri. — Origine du blason, 16 br. d. 1. c.

661. Recherches sur Télémaque. Remarques sur Bossuet. — Indication d'ouvrages relatifs à l'Hist. de Fr. — Table gén. des mémoires de Tallemant des Réaux, 3 br. in-8.

662. Ruelle poétique sous Louis XIV. Les proverbes. — Les quinze joyes du mariage. — Essai sur les hymnes de Santeul. — Recherches sur le style des chroniques. — Etudes sur Paul et Virginie, etc., 8 br. in-8.

663. Souvenirs de 1796 à 1805. Paris, 1826, fort in-8 br.

664. Sur les meilleurs ouvrages français. De la littérature antique au moyen âge. — Tableau de la littérature du XVIe siècle jusqu'en 1610. — Sur le style burlesque, 26 br. in-8, d. 1 c.

665. Une amitié littéraire. Les poëtes morts avant l'âge. — *Id.* in-

compris. — Un mot de philosophie. — Première lettre critique sur Tristan. — Encyclopédie. — Les sympathies en matière de goût, 42 br. in-8, d. 1 c.

666. Villemain, Etude sur la littérature. Paris, Didier, s. d., in-8 br.

667. Voyage dans le soleil. — Progrès de l'ivrognerie. — Costume des Francs. — Les femmes laides. — Rachel. — Les bossus. 1 lot de br., etc., d. 1 c.

ÉPISTOLAIRES, POLYGRAPHES.

Grecs, Latins, Français et Etrangers. — Mélanges et recueil de pièces.

668. Casauboni (I.) Epistolæ. Hagæ Comitis, 1638, in-4, rel. m. r. tr. dor., aux armes.

669. Clément XIV. Vie et lettres. Paris, 1774-75, 3 vol. in-12, dem. rel., port.

670. Erasmi Opus epistolarum. Basileæ, 1529, in-fol., rel. v.

671. *Id.* De conscribendis epistolis. Basileæ, 1561, in-8, vél. tr. dor.

672. Mannucci (A.) Locutioni dell'Epistole di Cicerone, lat.-it. Venetia, 1574, in-8, vél.

673. Pline le Jeune. Lettres, en lat. et en fr. Tr. de Sacy. Paris, 1809, 3 vol. in-12, rel. v.

674. *Id.* Epistolarum libri X et Panegyricus. Lugd. Bat., Elz., 1640, in-12 rel. v.

675. Scaligeri (J.) Epistolæ. Lugd. Bat., Elzevir, 1627, in-8, rel. m. r. tr. dor. (petits fers).

676. Voiture (De). Œuvres. Paris, 1713, 2 vol. in-12. Les Œuvres de Marot, La Haie, 1714, in-12, rel. v.

677. Voltaire. Lettres avec remarques. Paris, 1835, in-8, br. port.

---

678. Ciceronis (M. T.) Opera. Parisiis, 1539, Roberti Stephani, in-fol., rel. v.

679. *Id.* Opera. Lugd. Bat., Elz., 1642, 10 vol. pet. in-12, port., *piqûres de vers.*

680. Joviani Opera. Basileæ, 1538, 3 vol. in-8, d. rel.

681. Lipsi Justi Opera omnia. Antuerpiæ, 1611 à 30, 9 vol. in-4, vél.

682. Luciani Sam. Opera omnia. Lut. Par., Bertault, 1615, fort in-fol., rel. v.

683. Bayle (P.). Dict. hist. et crit. revu, corrigé et augm., par des Maizeaux. Amst., 1730, 4 vol. in-fol., rel. v.

684. Boufflers. Œuvres. Paris, Barba, 1828, 2 vol. in-8, br.

685. Châteaubriand. Génie du christianisme, Atala, Réné, etc. Itinéraire de Paris à Jérusalem. Les Martyrs. Les Natchez. Opinions et Discours. Analyse de l'histoire de France. Etudes ou Discours. Hist. Mélanges hist. Paris, Penaud, 12 vol. gr. in-8, br., fig. n. r.

686. *Id.* Mémoires d'outre-tombe. Paris, E. et V. Penaud, 1849-50, 12 vol. in-8, br. n. r.

687. *Id.* Mémoires d'outre-tombe, augmentés d'un essai sur la vie et les ouvrages de l'auteur. Paris, Krabbe, 1856, 8 vol. gr. in-8, br. n. r., fig.

688. Lamartine (de). Tribune politique. Discours. Polémiques. La mort de Socrate. Le dernier chant du pèlerinage d'Harold. Politique rationnelle. Discours familiers. Voyage en Orient. Jocelyn. Recueillements poétiques. La chute d'un ange. Harmonies poétiques et religieuses. Méditations poétiques. Paris, F. Didot, 1849-50, 16 vol. in-8, br. n. r.

689. Marmontel. Morale. Logique. Métaphysique. Grammaire. Mélanges. Paris, 1805-6, 5 vol. in-12, dem. rel. v.

690. Pavillon (E.). Œuvres. Amst., 1750, 2 vol. in-18, rel. mar. v. fil. tr. dor.

HISTOIRE.

Introduction, Géographie et Voyages.

691. Cartes géogr. de France, de 1790 et 1800, 51 cartes et 1 atlas de l'Italie avec plans.

692. *Id.* et plans. 11 pièces sur toile d. leurs étuis.

693. Dussieux (L.). Atlas de géogr. Paris, Lecoffre, in-4, dem. rel., pl. coloriées.

694. Ferraris. 25 cartes, col. sur toile, de la Belgique, d. 4 cartons.

695. Géographie ancienne et moderne. Paris, 1783-92, 14 vol. in-4, cart. 144 pl. (Encycl. méth.)

696. Géographiæ Compendium. Item Hisp. Gall. et It. brevis descriptio. Ultrajecti, 1659, in-12 rel. v. gr.

697. Honteri Io. Rudimentorum cosmographicorum. Tiguri, 1649, in-8, vel. cart.

697 *bis*. Houze (A.). Atlas universel. Hist. et géogr. Paris, in-fol. dem. rel., cartes coloriées.

698. Lubin (P. A.). Orbis Augustinianus, sive conventuum ordinis eremitarum S. Augustini descriptio. Parisiis, 1659, in-4, cart. cartes.

699. Magini (G. A.) Italia data in luce da Fabio suo figl. Bononiæ, 1620, in-fol. vél. fr. gr., port., cartes. (Mouillé.)

700. Malte-Brun. Géographie complète et universelle. Paris, Penaud, 16 vol. gr. in-8, br. n. r. cartes, vues et types coloriés.

701. Strabonis Geographia cum notis Casauboni et aliorum. Amst., Wolters, 1707, 2 vol. pet. in-fol., rel. v.

702. Vosgien. Dictionnaire géographique universel des cinq parties du monde. Paris, Penaud, gr. in-8 br., cartes et grav.

703. Bruce (J.). Voyage aux sources du Nil en Nubie et en Abyssinie, de 1768 à 72. Paris, 1790, 10 vol. in-8, et un atlas gr. in-4, dem. rel.

704. Chastellux (de). Voyages dans l'Amérique sept. Paris, 1788, 2 vol. in-8, rel. v. fig.

705. Lesseps (F. de). L'Isthme de Suez. Paris, 1855, 3 vol. in-8, rel. et br.

706. Noël. Voy. dans l'intérieur de l'Amérique sept. Paris, 1793, 2 vol. in-8, br. fig.

707. Norden (F. L.). Voyage d'Egypte et de Nubie. Paris, 1795, 3 vol. in-4, v. pl. et cart.

708. Nouvion (V.). Ext. des Auteürs et Voyageurs dans la Guyane. Paris, 1844, in-8, dem. rel. v.

709. Rennel (J.). Descr. de l'Indostan. Paris, 1800, 3 vol. in-8, rel. et Atlas in-4.

710. Savary. Lettres sur la Grèce. Paris, 1798, 4 vol. in-8, rel. cart.

711. Villamont (de). Voyages de la Terre-Saincte, en Italie. Paris, 1596, in-8, rel. v. (Manque le titre).

712. Voyages à la cime du Mont-Blanc, à l'Etna, au Righi, — aérien, à la Lune, à la Mer de glace, dans les Alpes. 13 br. in-8, d. 1 c. gr.

713. Wilkinson. Voyage dans la Valachie et la Moldavie. Paris, 1831. *Id.* tr. de l'italien, 1822, 2 vol. in-8, br. fig.

CHRONOLOGIE.

Histoire universelle et ancienne.

714. Belle-Forest (F. de). Hist. univ. du monde. Paris, 1570, in-4, rel. v.

715. Boulland (J.-F.). Essai d'hist. universelle. Paris, Paulin, 1836, 2 vol. in-8, dem. rel. v.

716. Bugati (Gasp.). Historia universale. Venetia, Giolito, 1571, in-4 vél.

717. Histoire. (Encycl. méth.). Paris, 1784-1804, 12 vol. in-4 cart., fig., ordres et blasons.

718. Jarry de Mancy (A.). Atlas hist. et chron. des littératures. Paris, Renouard, 1831, in-fol., dem. rel.

719. Puffendorf (baron de). Introd. à l'hist. de l'univers. Paris, 1753, 8 vol. in-4, rel. v., vignettes de Eisen.

720. Saint-Prosper, etc. Histoire de tous les peuples et des révolutions du monde. Paris, E. Penaud et Cie, 7 vol. in-8 br., n. r., fig. color.

721. Scaligeri (J.) Opus novum de emend. temporum. Lut., 1583, in-fol., rel. v.

722. Valerii Maximi dictorum factorumque memorabilium libri IX. Lugd. Bat., F. Hegerus, 1640, pet. in-12, fr. gr.

723. Aurelii Victoris Hist. rom. breviarium ex bibl. A. Schotti. Antuerpiæ, Plantini, 1579, in-8, rel. v., fig.

724. Barthélemy (Abbé). Voyage du jeune Anacharsis en Grèce. Paris, Payen, 1838, 4 vol in-12 br.

725. Botereii (R.) de Rebus in Gallia et pene toto orbe gestis. Parisiis, 1610, in-8, rel. m. r., tr. dor. (aux armes).

726. Carmoly (E.). Tour du monde ou voyages du rabbin Péthachia dans le XIIe siècle. Paris, impr. royale, 1831, texte hébr. et fr., in-8, dem. rel. v.

727. *Cesare* (C.-G.). Commentarii tradotti per Agostino Ortica della Porta. Venetia, Aldus, 1517, in-8, rel. v., cartes et fig.

728. Crevier. Hist. des empereurs romains. Paris, 1749-55. 12 vol. in-12, rel. v., cart.

729. Curtii (Q.-R.). L. A. Florus et C. Sallustius. Lug. Bat., Elz., 1634, 38, 3 vol pet. in-12, rel. v., fig.

730. Dissertation sur le colosse de Rhodes, br. in-8.

731. Bondini (Gul.). Hist. de rebus in Gallia gestis ab. Alex. Farnesio. Romæ, 1671, in-4 v., fig. et cart.

732. Fasciculus temporum. Colon. Agr., 1841, pet. in-fol., éd. goth., fig. s. bois, vél.

733. Florus (L.-A.). Puell Paterculus Sex. Aur. Victor, etc. Lugd. Bat., Maire, 1632, pet. in-12, fr. gr.

734. Gellii (A.) Noctium atticarum commentariorum. Parisiis, 1531, in-fol., rel. v. (manque le titre.)

735. Greppo (J.-J.-H.). Dissert. sur les Laraires de l'emp. Sévère-Alexandre. Belley, 1834, br. in-8.

736. *Id.* Rech. hist. sur les loteries des Romains. Belley, 1835, br. in-8.

737. Grotius (H.). Hist. Gotthorum, Vandalorum et Longobardorum. Amst., Elzev., 1655, in-8, rel. v.

738. Herodoti Halic. Hist. lib. IX et de vita Homeri libellus. Exc. H. Stephanus, 1566, in-fol., rel. v.

739. Nardini (F.). Roma antica con note ed osservazioni critico antiquarie di A. Nibby. Roma, 1818, 4 vol. in-8 br., fig.

740. Origine de la crémation ou de l'usage de brûler les corps. Paris, 1821, br. in-8.

741. Panvinii. Reipublicæ romanæ. Ven. 1558, in-8, d. rel.

742. Paterculi (C.-V.) Hist. rom. ab Aldo Manutio, Paulli F. Aldi libri emendati. Venetiis, Aldus, 1571, in-8 vél.

743. Poleno (J.). Utriusque thesauri antiquitatum supplementa. Venetiis, 1737, 5 vol. in-fol. vél. fig., fr.-gr.

744. *Polibii.* Historiarum lib. quinque in latinam conversi linguam. Nic. Perotto Int. Florentiæ. Juntæ, 1522, in-8, dem. rel. ch.

745. Rollin. Histoire romaine. Paris, 1754, 16 vol. in-12, rel. v., port. et cart.

746. Taciti (C.-C.) Opera quæ exstant J. Lipsius recensuit. Antuerp., 1627, in-fol., rel. v.

747. *Id.* Quæ exstant opera. Parisiis, Barbou, 1779, in-12, rel. v.

748. Thucydidis. De bello pelopon. libri gr. et lat. ex interp. L. Vallæ, ab H. Stephano recogn. Exc. H. Stephanus, 1588, in-fol., rel. v.

749. Toulotte. Hist. de la barbarie et des lois au moyen âge. Paris, 1829, 2 vol. in-8 br.

750. Volney (C.-F.). Recherches sur l'hist. anc. Paris, Bossange, 1821, 2 vol. in-8 br., fig.

751. Zahrou-L.-Kemain. Hist. de Joseph, fils de Jacob, d'après le Koran. 176 p. in-4, rel. v., texte arabe.

HISTOIRE MODERNE.

Histoire générale, de France, Paris, Province, et Pays Étrangers.

752. Anquetil. Histoire de France depuis l'an 1580 avant J.-C. jusqu'à nos jours. Paris, E. et V. Penaud, 10 vol. gr. in-8, br. n. r. Fig.

753. Beauterne (de). Conversations religieuses, et Sentiment sur la divinité de Napoléon; le Glaive, le Trône et le Tombeau, par Bignan. Paris, 1825-41, 3 vol. in-8, br.

753 *bis*. Anquetil. Histoire de France, contin. jusqu'en 1830 par Th. Burette, et jusqu'à nos jours par A. B. Le François. Paris, E. Penaud et Cie, 8 vol. gr. in-8, br. n. r. Fig.

754. Bessières (Lucien). Panthéon des Martyrs de la Liberté. Paris, E. et V. Penaud, 5 vol. in-8, n. r. Fig.

755. Féval (Paul). Les Tribunaux secrets. Paris, Penaud frères, 8 vol. gr. in-8, br., n. r. Fig.

756. Garat (D. J.). Mém. hist. sur la vie de Suard et sur le XVIIIe siècle. Paris, Belin, 1820, 2 v. in-8, dem.-rel. v.

757. Henault. Nouv. abrégé chron. de l'Hist. de France. Paris, 1775, 3 vol. in-8, rel. v.

758. Intérêts et Maximes des Princes et des États souverains. Cologne, 1684, in-12, rel. v.

759. La Bedollière (E. de). Histoire des mœurs et de la vie privée des Français. Paris, Lecou, 1847-49, 3 vol. in-8, br. n. r.

760. La France devant les 4 Puissances. Statu-quo d'Orient. Droits des Bourbons d'Espagne, de Naples et de Parme. Av. cart. généal., etc. réun. en in-8, dem.-rel. v.

761. Laponneraye. Hist. de la Rév. franç. depuis 1789 à 1848, par Van-Tenac. Paris, Penaud, 8 vol. in-8, br. n. r. Fig.

762. Lefeuve. Les anciennes Maisons de Paris, sous Napoléon III. Paris, 1856-61, 55 liv. compris la dernière.

763. Mezeray (de). Abrégé de l'Hist. de France, suivi de avant Clovis. Amst., A. Schelte, 1696, 7 vol. in-12, fr. gr., port.

764. Montalembert (comte de). Des intérêts catholiques au XIXe siècle. Paris, Lecoffre, 1852, in-8, dem.-rel. v.

765. Paolo Emilio. Historia delle cose di Francia. Ven., 1515, in-4, d. rel.

766. Procès des fr. Faucher.—De Bonaparte et des Bourbons.— Crise Améric. — Hist. d'une détention de 39 ans; réun. en in-8, dem.-rel. v.

767. Van-Ténac. Histoire générale de la Marine. Paris, E. et V. Penaud, 4 vol. in-8, br. n. r. Fig. col.

768. Velly (Abbé). Hist. de France. Paris, 1770-86, 15 vol. in-4, rel. v.

---

769. Arrest mémorable de la Cour de Parlement de Dôle (1573). *Id.* de 1574.—Hist. du Diable de Laon.—Ordonnances de M. de Chastillon sur la Discipline militaire.—Déluge es faux bours S. Marcel.—Débordement du Rosne.—Contagion de peste, etc., 8 br. in-8, réimp. text.

770. Arrets et Exécutions au XIIIe siècle, extraits des registres olim. —Procès verbal de mort de Monaldeschi, Jugement à mort de 1726. *Id.* de 1729. *Id.* de 1734. *Id.* de 1755. *Id.* 1761, et attentat et supplice de Damiens. 8 br. diff. form.

771. Caractère de Mazarin.—Hist. de la St. Barthélémy.—Odes, Oraisons.—Plan de l'attaque de Paris, le 15 juillet, etc., etc. ms. in-4, de 800 p. rel. v. (Curieux).

772. Discours au vray et en abrègé de ce qui est advenu à Vassi, y passant le Duc de Guise. Paris, 1562, br. in-8 (réimpr).

773. Etoile (P. de l'). Journal du régne de Henri III et de Henri IV. Cologne, 1720-36. 4 vol. in-12, rel. v. port.

774. Extraits des Comptes et Dépenses de Louis XI. *Id.* de François I. — Battaille de Cerizolles. — Mélanges pour l'Hist. de François I, et Henri II.—Réception de la Royne en la ville de Ronceaux. 7 br. in-8, réimp. text.

775. Harengue faicte devant le roi en 1405, par Gerson. *Id.* de l'Hospital sur un Budget du XVIe siècle. —Du Divorce.— Cérémonies symboliques. — États généraux de 1614. — Le Barreau et la Liberté, etc. 19 br. d. 1 c.

776. Hist. du Tumulte d'Amboise (1559).—Battaille donnée entre Chasteauneuf et Jarnac (1569).—La prinse du comte de Montgommery (1574).—Assass. du 1er Président Brisson (1591). 4 br. in-8 (réimpr).

777. Hist. de François I. Ms. fort in-fol. (1150 pages), rel. v. (curieux et bien conservé).

778. *Id.* De la Mutinerie, Tumulte et sédition faite par les Prestres de Sainct-Médard.—Discours et Procédures. Lettre du Roy et de la Reine, Arret du Parlement de Paris sur le même sujet. 5 br. in-8.

779. Jeanne d'Arc (Notice, Mémoire, Dissertation, Histoire, etc.). 10 br. in-8, d. 1. c. Fig.

780. Lery (J. de) Famine de Sancerre (1573). br. in-8 (réimpr).

781. Le tocsain contre les massacreurs et auteurs des confusions. — Le réveille matin des François (1572). 2 br. in-8, (réimp.).

782. Massacre à Orenge (1571). *Id.* à Orléans, à Lyon, à Bourges, à Meaux, à Troyes, Événemens de Sept. et Oct. (1572). 7 br. in-8.

783. Mémoires de l'Estat de France sous Charles IX. Meidelbourg, 1577, 3 tom. en 2 vol. in-8, vél.

784. Obsèques et enterrements de Louis XII (1515), Henri II (1559), et Charles IX (1574). Réimp. 3 br. in-8.

785. Observ. hist. sur la mort de Henri IV. — Simple discours de P.-L. Courrier contre l'acquisition de Chambord (1821). 2 br. in-8.

786. Pièces servant à l'hist. de Henri III. — Le divorce satyrique. — Amours du grand Alcandre (Henri IV). — Apologie. Cologne, P. Marteau, 1666, in-18, cart.

787. Relation de la mort du roi de Navarre (1562). — Entreprise contre la reine de Navarre (1565). — Lettre du sieur de Dampierre (1568). Le tumulte de Bassigni (1573). Emprison., maladie et dern. propos du Mareschal de Montmorency (1574-79). — Efforts des Huguenots (1562). 7 br. in-8, réimp. text.

788. *Id.* Discours et Documents sur l'assassinat des duc et cardinal de Guise (1563), 2 br. in-8. (Réimpr.).

789. Saint-Barthélemy (la). Dissertation, Relation, Étude, Médailles, 4 br. in-8.

790. Sorbin (A. dit de Ste-Foy) et Papyre-Masson. Histoire de Charles IX. 2 br. in-8. (Réimpr.)

791. Strada (Famianus). Histoire de la Guerre de Flandre, trad. par P. Du Ryer. Paris, 1644-54, 2 vol. in-fol., rel. v. port.

792. Stratagème, ou ruse de Charles IX contre les Huguenots. — Causes de l'exéc. de ceux qui avaient conjuré contre le Roy. Arrest contre l'Admiral Colligny (1569-74), 3 br. in-8. (Réimpr.)

793. Traitté des Finances de France, de l'institution d'icelles, etc., 1580. — Le proiect et calcul faict par le command. du Roy., etc., 1566. — Ordonnance du Roy sur le faict de la Police gén. de son Royaume, etc., 1578. — Ordre et Police, etc., 1567, 4 br. in-8.

794. Trésor des Chartes (1565-68). — Lettre, Avis, Exemples, Vie, Comptes et Dépenses de Catherine de Médicis et

Charles IX. — Choses notables inéd. (1568-76). — Bataille simulée. — Procession générale (1573). — Quittance d'Isid. Bontemps (1556), etc., 14 br. in-8.

795. Vellay (J.-C. de). Déluge des Huguenotz (1572). — Cause de l'extrême cherté qui est en France (1574). 2 br. in-8. (Réimpr.).

---

796. Gassion (Hist. du maréchal de). Amst., 1696, 4 tom. en 2 vol. in-8, fig.

797. Ray. Hist. milit. de Louis XIII. Paris, 1755, 2 vol. in-12, rel. v.

798. Anquetil. L'Esprit de la Ligue. Paris, Delalain, 1771, 3 vol. in-12, rel. v.

799. Lettres de Louis XIV, au comte de Briord. La Haye, 1728, in-18, rel. v.

800. Testaments de Louvois et de Colbert. La Haye, 1695, 2 vol. in-12, rel. v.

801. Dubois (Cardin.). Mémoires. Paris, Mame, 1829, 4 vol. in-8, dem. rel.

802. Hist. du Syst. des Finances sous la minor. de Louis XV, préc. de la vie du Régent et de Law. La Haye, 1739, 5 tom. en 3 vol. in-12, rel. v., fig.

803. Mémoires de la régence du duc d'Orléans. La Haye, 1729, 3 vol. in-12, rel. v. port.

804. *Id.* et Corresp. de la duchesse d'Orléans, princesse palatine. Paris, Paulin, 1833, in-8, br.

805. *Id.* inéd. du duc de Bellune. Maximes du grand Frédéric, etc., réun. en in-8, dem. rel. v.

806. Saint-Simon (duc de). Mémoires compl. et authent. sur le siècle de Louis XIV et la Rég. Paris, Sautelet, 1829, 21 vol. in-8, dem. rel. v. (Bel exempl.).

807. Mirabeau. Dénonciation de l'agiotage de Paris. — Lettres et Arrêtés des cours du Royaume sur la loi sur le Timbre, 1787, réun. en in-8, dem. rel. v.

---

808. Assemblée nationale. Paris, 1792, in-4, cart. (Tom. uniq.). (Encycl. méth.).

809 Bastille (la) dévoilée. Recueil de pièces authentiques. Paris, 1789-90, 2 vol. in-8, cart.

810. Creuset (le). Journal de 1791 (Maine-et-Loire.) Discours sur l'Abolition de l'Esclavage, etc.; réun. in-8, rel. v.

811. Delacroix. Le Spectateur françois. Paris, an III, in-8, dem. rel. v.

812. *Desmoulins* (*C.*), député à la Convention nationale et doyen des Jacobins. Œuvres. Paris, Ebrard, 1836, 2 vol. in-8, br.

813. Legros. La Révolution, ou Corresp. du Comité du Salut Public. Paris, Mame, 1837, 2 vol. in-8, br.

814. Le Livre Rouge, ou Liste des pensions secrettes sur le trésor public. Addition et dépouillement (1774-89). 3 br. in-8. (Curieux.)

815. Liste des Régicides qui ont voté la mort de Louis XVI et des personnes égorgées les 2, 3 et 4 sept. 1792, 4 f.

816. Michelet (J.). Hist. de la Rév. franç. Paris, Chamerot, 1847, 1 à 3, in-8, dem. rel.

817. Protestation et Mémoires des Princes. Entret. de Linguet et Bergasse. — Catéchisme des Parlemens. — La France plus qu'Angloise. — La Cour plénière, héroï-tragi-comédie, etc., réun. en in-8, dem. rel.

818. Jacobins. Essais sur la Rév. fr. — La presse de la révolution. Défense de Louis XVI par Desèze. — Liste des conventionnels qui ont voté la mort de Louis XVI. — Tentatives pour arracher la Reine à la captivité du Temple, etc. 18 br. in-8, br. in-8, d. 1 c.

819. Robespierre (M.). Sur les rapports des idées religieuses et morales avec les principes rép., et sur les fêtes nationales. L'an II, br. in-8.

820. Tigres (les) couronnés, ou Abrégé des crimes des rois de France. Paris, l'an II, br. in-8.

821. Véritable Père Duchêne. Md. de fourneaux. — 150 lettres patriotiq. impr. à Paris, s. la rev. fr. d. 1 carton (Cur.)

822. Fastes. Fêtes du couronnement, lat. fr. Paris, Didot, 1804, in.4, non rog., cart.

823. Lettera d'una giovine cisalpina alla moglie del general Bonaparte, Milano, 1797, br. in-12.

824. Rapports off. et compl. sur la consp. contre le 1er Consul, et sur la machine infernale. — Le vrai bilan de la Rép. fr. — Vie de Petion. *Id.* de P. Manuel, de Marie-Antoinette, de Robespierre et autres, par la cit. Roland. — Merlin de Douai. — Réponse de Fouquier, etc — Catalogues, 18 br. in-8, d. 1 c., 2 port.

825. Sacre, Couronn. de Napoléon Ier, et Distr. des aigles au ch. de Mars. Paris, Leblanc 1807, gr. in-fol. cart., pl.

826. Saint-Hilaire (E. M. de). Histoire populaire de la garde impériale. Paris, Lecou, in-8, br. Fig.

827. Saint-Hilaire. Histoire de la garde impériale, costumes coloriés et musique des marches et fanfares. Paris, E. Penaud et comp. 1847, gr. in-8, br.

828. *Id* Histoire de la garde impériale, suivie de l'Hist. de Napoléon, du Consulat et de l'Empire, par L. Vivien, et des Biographies des grands hommes qui ont vécu sous l'Empire, par L. Bessières et D. Marcolino Prat. Paris, E. et V. Pénaud, 6 vol. in-8, b., n. r. Fig.

829. Champrobert (P. de). Le comte d'Artois ou l'Emigration. Paris, Pongin 1838, in-8, br., n. r.

830. Fiévée. Hist. de la session de 1815. Paris, 1816, in-8, dem. rel. v.

831. Lettres et instruct. de Louis XVIII au comte de Saint-Priest. Paris, Amyot 1845, in-8, dem. rel. v.

832. Montgaillard (Abbé de). Histoire de France 1825-28. Paris, 1829. 2 vol. in-8, dem. rel.

833. Vaulabelle (A. de). Histoire des deux Restaurations, 1813, 1830. Paris, Perrotin, 1857, 8 vol. in-8, br. n. r.

834. Affranchissement des classes déshéritées. Paris, 1848, in-12, broch.

835. De Flotte (P.). La souveraineté du peuple. Paris, Pagnerre, 1851, in-8, dem. rel., m. v.

836. Journaux de 1848, 34 titres réun. en in-fol. dem. rel.

837. La Presse, la Patrie, le Peuple, etc., ens. 24 titres de journaux, en 3 vol. in-fol., dem. rel.

838. Pelletan (E.). Hist. des trois journées de Février 1848. Paris, Colas, in-8, rel.

839. Père Duchène (le). 35 nos. 1848, in-fol. dem. rel.

840. Peuple (le), 206 nos. — La Voix du Peuple, 223 nos. — Le Peuple de 1850, 33 nos., ens. 4 vol. in-fol., dem. rel.

841. Presse. Le journal, du 24 février 1848 au 30 avril 49, 3 vol. in-fol., dem. rel.

842. Presse (la). Comptes, Rapports, Détails administ. 1850-57, 3 br. in-4. — L'Univers, du 29 janvier 1860.

Paris.

843. Calliat (A.). Saint-Eustache avec essai hist., par Le Roux de Lincy. Paris, Bancé, 1850, in-fol. dem. rel., 9 pl.

844. Extraits des registres et chroniques du Bureau de la ville de Paris (1540.) 3 br. in-8.

845. Girard (P. S.). Eaux publiques de Paris. Paris, 1812, in-4, br., pl.

846. Hist. du Palais-Royal, 1629-1829. Tabl. des embelliss. de Paris. — Calendrier des Ephémérides. — Paris, Municip. depuis les temps les plus reculés jusqu'à nos jours, avec 2 tabl. synopt. — Les Catacombes. — Not. sur la Sorbonne. *Id.* sur l'Hôt. de Cluny. — Catalogues, etc., 15 br. in-8, d. 1 c.

847. Jaillot. Recherches. — Crit. hist. et topogr. sur Paris. Paris, Lottin, 1772, in-8, rel., v., plans. (Tome I).

848. *Id.* Recherches crit., hist., et topog. sur la ville de Paris. Paris, 1775, 5 vol. in-8, rel. v.

849. Jouhaud (P.). Paris dans le XIXe siècle. Paris, Dentu, 1809, in-8, rel. v.

850. Lefeuve. Hist. de Sainte-Geneviève. Paris, 1861, in-8, br., Fig.

851. *Id.* Les anciennes maisons de Paris sous Napoléon III. Paris, 1856-61, 55 liv. compl. compris la dernière.

852. Mercier. Tableau de Paris. Amsterd., 1782, 8 tom. en 4 vol. in-8, rel. v.

853. Reformation de l'Université de Paris (1562). — Cérémonies tenues et observées à l'ordre et milice du Saint-Esprit (1579). 2 br. in-8.

Provinces.

854. Annuaire des cinq départ. de l'anc. Normandie. Caen, 1834-43, 9 vol in-8 br.

855. Antiquitez des villes, chasteaux et places de toute la France. Paris, J. Petitpas, 1614, fort in-8 vél.

856. Berteaut (S.). Marseille. 1845, 2 vol. in-8, dem. rel. v.

857. Chaumeau (J.). Histoire de Berry. Lyon, 1566, in-fol., rel. v. (quelques feuillets manusc.).

858. Dijon et Beaune. Dissert. sur l'origine et les antiquités découvertes sous les murs bâtis par Aurélien. Dijon, 1771, 2 parties en in-4, rel. v., fig.

859. Du Pineau (G.). Observ. sur aucuns arts de la coustume d'Anjou. Anger, 1644, in-fol., fr.-gr.

860. Durival aîné. Description de la Lorraine et du Barrois. Nancy, 1778, 3 tom. et sup. en 2 vol in-4, dem. rel. cart.

861. Eckard. Recherches hist. et biogr. sur Versailles. 1835, in-8 br., port., plan.

862. Jallois. Mém. sur les antiquités du Loiret. Paris, 1836, in-fol., dem. rel., 27 pl.

863. Le François (A.-B.). Mystères des vieux châteaux de France ou amours secrètes des rois et des reines. Paris, E. et V. Penaud, 6 vol. gr. in-8 br., n. r., fig.

864. Morlent (J.). Picturesque souvenirs of Havre. Recueil de 15 lith. in-4 obl., cart.

865. Ornements de peint. et sculpt. de la grande Gallerie, du salon de la Guerre et de la Paix du chât. de Versailles. Portr. de Massé, gr. in-fol., dem. rel., dos et coins m. r.

866. *Id.* du grand escalier dit des Ambassadeurs du chât. de Versailles. Gr. in-fol., dem. rel., dos et coins m. r.

867. Piganiol de la Force. Descript. de la France. Paris, 1752, 15 vol. in-12, rel. v., cart.

868. Plans et costumes des cités, villes, villettes et châteaux de la France au XVIe siècle; fig. color. (Curieux.)

869. Plans et vues du Louvre et des Tuilleries. — Ornements de peint. et sculpt. de la gallerie d'Apollon ; gr. in-fol., dem. rel., dos et coins m. r.

870. *Id.* du Palais-Royal, du collége des Quatre-Nations, des châteaux de Monceaux, de Vincennes, de Madrid, de Saint-Germain, de Fontainebleau, de Chambord, de Blois, de Compiègne, de Sceaux, etc., etc. Gr. in-fol., dem. rel., dos et coins m. r.

871. *Id.* perspectives, etc., du château de Versailles. Gr. in-fol., dem. rel., dos et coins m. r.

872. Tombeau des Enervés de Jumiéges. — Le château de Pierrefonds. — L'hôtel de Cluny. — Ancre trouvée dans la Seine. — La cathédrale de Milan. — Port-Royal des Champs. 28 br. in-8 d. 1 c., gr. (curieux).

873. Colonies françaises. Notices stat. Paris, impr. roy., 1839, 2 vol. in-8, dem. rel. v.

874. Ducourneau (A.). Histoire nationale de la Guyenne illustrée. Paris, Marescq, 1845, 2 vol in-4 br., n. r., fig.

---

875. Bacalar y Sanna (D.-V.). Mém. pour servir à l'hist. d'Espagne, sous le règne de Philippe V. Amst., 1756, 4 vol. in-12, rel. v., port. cart.

876. Belly (F.). Carte du canal de Nicaragua. Paris, Dalmont et Dunod, 1858, in-4, vél., av. carte sur toile.

877. Brunetti. Codice diplomatico. Firenze, 1806, 3 vol. in-4 br.

878. Bruti (J.-M.). Historiæ Florentinæ. Ven., 1764, in-4, d. rel., vél., fig.

879. Clarkson (T.). Le cri des Africains contre les Européens leurs oppresseurs. Lond., 1822, in-8, br., pl.

880. Cluverii (P.) Germaniæ antiquæ libri tres. Lugduni Batavorum, L. Elzevirium, 1616, in-fol., vél., front. gravé, cartes et fig.

881. Collin de Bar. Hist. de l'Inde. Paris, 1857, 2 vol. in-8. br.

882. Contant Dorville. Les Fastes de la Pologne et de la Russie. Paris, 1769, 2 vol. pet. in-8, rel. v., et Hist. de la Pologne. Paris, 1833, 2 vol. in-12, br.

883. Demetrius Cantimis (S.-A.-S.). Hist. de l'Empire Othoman, traduite par de Joncquières. Paris, 1743, 2 tom. en 1 vol. in-4, rel. v.

884. Demuro (Albate-Vzo). Ricerche di Atella. Napoli, 1840, in-8, br.

885. Descriptio nova et accurata Italiæ eique adjacentium insularum. Amstoledami, ex typis Judoci Hondii, 1626, in-4 obl., dem. rel., plans et vues de villes.

886. Herbelot (d'). Bibliothèque orientale. Paris, 1781-83, 6 vol. in-8, rel. v.

887. Ibn-Khaldoun. Hist. des Berbères. Paris, 1852, gr. in-8, dem. rel., tome Ier.

888. Ludlow (E.). Histoire de la République d'Angleterre. Paris, l'an II, in-8, dem. rel. v.

889. Maffei (S.). Verona illustrata. Milano, 1825, 5 vol. in-8, br., fig.

890. Marin. Hist. de Saladin. Paris, 1758, 2 vol. in-12, rel. v.

891. Mélanges d'ouvrages historiques, politiques, économiques sur les Etats-Unis d'Amérique. Text. angl. New-York, 1839, in-8, d. rel.

892. Minadoi (Th.). Historia della Guerra fra Turchi et Persiani. Ven., 1594, in-4, vél.

893. Mirchondi. Hist. Seldschukidarum persicè. Gissæ, 1837, in-8, dem. rel.

894. Modène (Comte de). Mémoires sur la révolution de Naples de 1647. Paris, 1827, 2 vol. in-8, br.

895. Muratori (L.-A.). Annali d'Italia, e dissertazioni sopra le antichità italiane dal principio dell' era volgare fino all' anno 1750. Roma, 1754, 30 vol. in-8, vél.

896. Pausaniæ, accurata Græciæ descriptio. Francof., 1583, in-fol., v.

897. Petis de la Croix. Hist. du grand Tamerlan. Paris, 1722, 4 vol. in-12, rel. v.

898. Pfeffel. Abr. chron. de l'hist. d'Allemagne. Paris, 1776, 2 vol. in-4, rel. v.

899. Processo originale degli untori nella peste del 1630. Milano, 1839, in-8, d. rel., fig.

900. Respublica Moscoviæ et Urbes. Lugd. Bat., 1630, in-16, rel. v.

901. Robertson. Hist. de l'Amérique et d'Ecosse. Paris, 1780, 7 vol. in-12, rel. v., cartes.

902. *Saint-Marc Girardin.* Notices sur l'Allemagne. Paris, 1835, in-8, br.

903. Semedo (A.). Hist. univ. de la Chine. Lyon, 1667, in-4, rel. v.

904. Semedo (A.). Hist. univ. de la Chine. Lyon, 1667, in-4, rel.

905. Sevarambes (Hist. des), peuples qui habitent la Terre-Australe. Amst. 1702, 2 vol. in-12, rel. vél., fig.

906. Stradæ (F.). De Bello belgico. Antuerpiæ, 1640, in-8, rel. v., cart. et port.

907. Ticozzi (S.). Memorie di Bianca Capello. Firenze, 1827, in-8, dem. rel., port.

908. Ulloa (Don). Mémoires philos. concernant la découverte de l'Amérique. Paris, 1787, 2 vol. in-8, br.

909. Vie et mœurs des Bramines, in-4, rel. v., fig.

Chevalerie, Noblesse, etc.

910. Cérémonies à la cour de France. Paris, Hennuyer, 1857, br. in-8.

911. Conquestes amoureuses du grand Alcandre, dans les Pays-bas. Ms. de 123 p. in-4, rel. v, (Curieux.)

912. Esame dell'honore cavalleresco. Venetia, 1625, in-32, v.

913. Etrennes de la Noblesse, 1772-73. Science de la jeune Noblesse, par Duchesne, 1729, 2 vol. in-12, rel. v.

914. Maffei (Sc.). Scienza cavalleresca. Venezia, 1712, in-8, vel.

915. Mutio (J.). Il Duello, e risposte cavalleresche. Vinegia, 1560, in-8, vel.

916. *Ordres* religieux et militaires. Amst. 1769. in-8, v.

917. Panvinio (O.). Epitome Pontificum Romanorum a S. Petro usque ad Paulum IV. Ven., 1557, in-fol. cart., blasons.

Antiquités.

918. Antiquités. Paris, 1786, an II, 10 vol. in-4, cart. et 4 vol. de 340 pl. (Encycl. méth.)

919. Audrichio (E.). Institutiones antiquariæ quibus præsidia pro græcis latinisque scriptoribus nummis et marmoribus facilius intelligendis proponuntur. Florentiæ, 1756, in-4, vél.

920. David (F. A.). Antiquités Etrusques, Grecques et Romaines, avec leurs explications par d'Hancarville. Paris, 1787, 5 vol. in-4, rel. v. fil. tr. dor; fig. col.

921. *Manutii* (Pauli) Antiquitatum Romanarum liber de legibus. Venetiis, Aldus, 1557, in-4, vél. annot. en marg.

922. Massazza (P. A.). L'arco di Susa. Torino 1750, in-fol. cart. fig.

923. Pignorii (L.) De servis comment. Aug. Vindelicorum, 1613, in-4, rel. v. fig. bois.

924. Tomasino (J. P.). Urbis Patavinæ inscriptiones sacræ et prophanæ. Patavii, 1649, in-4, vél.

925. Usage des Statues chez les anciens. Bruxelles, 1768, in-4, rel. v. pl.

926. Vitale (F. A.). In binas veteres inscriptiones L. Aurelii Commodi. Romæ, 1763, in-4, v. pl.

Biographie ancienne et moderne.

927. Alcibiade (Vie d'). Paris, 1789, 4 vol. in-8, br.

928. Bendinellius (A.). P. Cornelii Scipionis Æmiliani Africani Minoris vita. Flor. 1549, in-8, dem. rel. vél.

929. Cornelius Nepos. Vanieri (J.). lat. et fr. Paris, Barbou, 1771-74, 2 vol. in-12, rel. v.

930. Moreri (L.). Grand dict. hist. Lyon, 1674, in-fol., dem. rel. (Ed. du vivant de l'auteur).

931. Nicéron. Table générale des 43 vol. des Hom. illust., partie manusc.

932. Plutarchi Chœronensis. Œuvres complètes, avec trad. latine en regard. Francofurti, 1620, 2 vol. in-fol. rel. v.

933. *Id.* Vite tradotte per B. A. Jaconello. Ven., 1518, in-4, dem. rel. fig. sur bois.

934. *Id.* Les vies des hommes illustres, grecs et romains, trad. par J. Amyot, s. l. 1559, in-fol. rel. v. (Manque le titre).

935. Probi. (Æ.) seu Cornelii Nep. liber de vita. Exc. Imp. Lutetiæ, 1569, in-4, rel. v. fleurdelisé.

---

936. Bertrand-Barère. Eloges académiques. Paris, Renouard, 1806, in-8, dem. rel. v.

937. Boileau, Racine. Eloges, Vies, Notices, etc. 6 br. in-8.

938. Boispréaux (De). La vie de Pierre Aretin. La Haye, 1750, in-12, rel. v. port.

939. Deleyre. Essai sur la vie de M. Thomas. Paris, Moutard, 1791, in-8, dem. rel. v.

940. Dictionnaire biogr. des hommes célèbres anciens et modernes. Paris, s. d., 2 vol. in-8, br. portr.

941. Gabet (Ch.), peintre. Dict. des Artistes de l'Ecole Française. Paris, Vergne, 1831, in-8, br.

942. Houssaye (A.) Le roi Voltaire. Paris, Lévy, 1858, in-8, br.

943. Légion d'Honneur (la). Journal biographique de tous les décorés depuis l'institution de l'Ordre. Paris, 1860-61, in-4, br.

944. L'homme sans nom. — Lamartine. — Ch. Nodier. — B. Constant. — Georges Sand. — Molière. — C. Delavigne, etc. Fort in-8, br.

945. Mignard (P.) (la Vie de), par de Monville. — Abr. de la vie des peintres florentins, vénitiens, etc. Ens. 2 vol. in-12, rel. v., port.

946. Robin (C.). Galerie des Gens de lettres au XIXe siècle. Paris, Lecou, 1848, gr. in-8, br. portr.

947. Suger (moine de St-Denis). Éloge (1779). — Abus des dévotions populaires (1777), etc. 3 br. in-8.

948. Voltaire (la Vie de), par Duvernay. Genève, 1786, in-12, rel., v., portr.

949. *Id.* Montaigne (remm.). — Abélard et Héloïse, etc. 6 br. in-8, d. 1 c.

BIBLIOGRAPHIE.

Traités sur les Bibliothèques. — Catalogues. — Mélanges et Journaux.

950. Achery (C.). Si le Christianisme a nui aux sciences. — Réfutat. des erreurs de M. Libri. Br. in-8, fig.

951. Bailly (J.-L.-A.). Notices hist. sur les Biblioth. anc. et mod. Paris, 1828, br. in-8.

952. Barbier (A.-A.). Dissertations sur les traduct. et édit. de l'Imitation. Paris, 1812, in-8, br. remmarg.

953. Bible d'Alchuin. Mélanges et Notices bibliographiques. — Lettres de P.-L. Lacroix. — Contestations sur l'Hist. de France. —Chanson de l'Escalade, etc. 23 br. in-8, d. 1. c.

954. Bibliothèque curieuse. — Beufves de Hantonne. — Milles et Amys. — Li Jus Adam, ou de la Feuillié et li Gieus de Robin et Marion. — Le Renoncement d'amours. — Les quinze joies de mariage ou la Nasse. 42 br. in-8, d. 1 c.

955. *Id.* Royale (Lettres des conservateurs de la). Paris, 1839, in-8, br.

956. Boubée (Nérée). L'Echo du monde savant, 1834-39. 3 vol. dem. rel., le reste en f.

957. Brunet (J.-C.). Manuel du Libraire. Paris, 1814, 4 vol. in-8, rel. v.

958. Bulletins, Notices et Catalogues. 1 lot, in-8, d. 1 c.

959. Catalogues. A.-A. Barbier (1828). — Daunou (1841). — C. Nodier (1844). — Viollet-le-Duc (1849), etc. 6 br. in-8, d. 1 c.

960. *Id.* di Libri Rari Lat. Ital. e Fr. della St Letter. e delle Bibliot. Ms. in-fol. de la fin du dix-huitième siècle, cart. (Curieux.)

961. Jugement du public sur le Dict. de Bayle. — Dict. des Anonymes et Pseudonymes, etc. 4 br. in-8.

962. Leber (C.). Catalogue de la Bibliothèque. Paris, Techener, 1839, 2 vol. in-8.

963. Libri (G.). Lettres à M. de Falloux, à B.-J. St-Hilaire, etc., 9 br. in-8, d. 1 c.

964. Nodier (C.). Notice sur Brunet. —Mélanges tirés d'une petite Bibliothèque. —Questions de littérature légale. 3 br. in-8.

965. Quérard (J. M.). Supercheries littéraires dévoilées. La Mennaisienne, 2 br. in-8.

966. Réponse de M. Naudet à M. Feuillet de Conches. Travaux du catalogue de la Bibl. Royale. Not. hist. sur les Bibliothèques, 20 br. in-8, d. 1. c.

967. Abeilles (les) de la littérature, des sciences, des beaux-arts et de l'industrie. Paris, 1845-46, 1re année, 2 vol. in-8, br.

968. Agriculture (7 vol.). Architecture (3 vol.). Chimie (8 vol.). Forêts (1 vol.). Géographie physique (6 vol.). Médecine (15 vol.). Musique (1 vol.). Physique (1 vol.). Système anatomique (1 vol.). Ens. 43 vol. in-4, cart. (Encycl. méth.) Incomplet.

969. Anti Lucretius, lat. et fr. Phil. de Loche. Nuits d'Young. Thébaïde. Terentii Comediæ. A. P. Flacci satiræ, etc. 107 vol. et br., dif. form.

970. Encyclopédie du XIXe siècle. Paris, 1838, du tom. 1 à 8, et du 21 à 25, ens. 15 vol. in-8, rel. et br.

971. Esprit de la ligue, Vie de Turenne, Hist. d'Elisabeth. L'espion des cours. Alman. roy. de 1783. Inégalité des hommes, par J.-J. Rousseau, etc. 50 vol. et br. dif. form. rel. et br.

972. Globe (le), juin 1841 à décembre 1843, et de juillet à décembre 1844. 6 vol. in-fol. dem.-rel. v.

973. Hist. de Charles V. *Id.* de Charles VI. *Id.* de Louis XI. *Id.* d'Angleterre, etc. 63 vol., div. form.

974. Jardin de Flore. Janua linguar. (Elzevir). Jérusalem délivrée. Comédies de Boyer. Preces S. Niersis, etc., ens. 18 vol. dif. form., rel. et br.

975. Mélanges. Dict. d'hist. natur.; Myst. de Paris; Guerrero, ou la trahison; Voltaire, Massillon, Bossuet, etc., ens. 61 vol. ou br. dif. form.

976. *Id.* d'ouvrages de piété, de l'abbé Baudrand et autres, ens. 31 vol. dif. form.

977. Racine œuvres. Héloïse et Abeilard. Statique. Géomét. Mathém. Dict. divers, grec, lat., fr., angl. *Id.* Biog. Contes moraux de Marmontel. Les Veillées du château, etc. 86 vol. et br., dif. form.

998. Universel (L') journal de littérature, sciences et arts. Du 1er janv. 1829 au 27 juillet 30, en ff.

979. Littérature, Sciences, Arts, Histoire, etc. 6,500 vol. Seront vendus par lots, dans le courant des vacations.

AUTOGRAPHES.

980. Artistes dramat. chant et danse. Beauvallet, Bouffé, Lucile Grahn, Beaucourt, Stoltz, Taglioni, Assandri, 20 signat. du Théat. Italien, etc. 15 pièces. (Curieux.)

981. *Id.* Molière. Découverte d'un autogr. Réfutation impart. Paris, Tresse, 1840, br. in-8.

982. *Id.* Tragiques. Larive (Pr de Talma). Talma, 2 pièces. (Très-curieux.)

983. Beaux-Arts. Bixio, Ziègler, Blanchard, Duret, A. Johannot, Barruel, etc. 12 pièces.

984. Carel. L. aut. signalant les journaux de l'opposition, parlant des rassemblements du 25 août et sollicitant le grade de colonel afin de prouver ses sentiments pour le roi; 26 août 1830.

985. Chefs Arabes. Abd-el-Kader, et autres, le cachet de l'emp. Mouley, Abd-el-Rahman. 23 lettres, avec trad. (Curieux).

986. Comité du Salut public. Robespierre, Couthon, Collot-d'Herbois, Barrère, Prieur, Billaut-Varenne, an II. 1 pièce.

987. Divers 1830-48, B. Constant, Magnien, Pagès du Tarn, Mis de la Rochefoucault, etc. 27 pièces.

988. Église. Julien de Médicis (Clément VII). 1520. Mr d'Alsace, doyen des Cardinaux 1742. Père Angelo Cassogera 1754, 3 pièces. (Curieux.)

989. Empire. Beauharnais (Pce Eugène de), la Pagerie (Vsse de Beauharnais), Psse Charlotte, Psse de Wagram, Francastel ambassadeur, 6 pièces. (Curieux.)

990. Fieschi. Portrait lith. de Nina Lassave avec sa signat. sous lequel il lui témoigne son amour pour toute sa vie, quoiqu'il n'ait que 24 h. à vivre, 1836. 1 pièce.

991. Hommes politiques. 1848, Flocon, Cavaignac, David d'Angers, 3 pièces.

992. Hommes de lettres. E. Arago, Bayard, S. H. Berthoud, Bouilly, E. Briffaut, Carmouche, Daru, de Faucompret, C. Paul de Kock, P. L. Lacroix, H. Lucas, Nodier, E. Scribe, 41 pièces. (Curieux.)

993. *Id.* Gaimard, Paru, Chauvet, Rabbe, Clausel de Montals, L. Cour, Coquereau, Mme Dupin, Peisse, A. Belin, Bert, etc. 1825-40, 15 pièces. (Curieux.)

994. Italiens. Dante, Tardieu, duc d'Urbino, duc de Mantoue. 5 pièces.

995. Journaux. 6 num. de la Presse conten. les relat. de ventes d'autogr. en 1855, en ff.

996. Médecins. Boyer, Duportal, Gaudichard, Marjolin, Missa, Magendy, Landré, Beauvais, 7 pièces.

997. Militaires. Le général Moreau, pièces signées, résumé de la défense. Ordonnances, extrait des minutes du Greffe du tribunal de la Seine constat. la mort du général Pichegru etc. ens., 8 pièces dont 5 autogr.

998. *Id*. Magnan (simple capitaine). Moncey, St.-Marsault, Janin, Beltavenne, etc. 1813-42, 28 pièces. (Curieux.)

999. *Id*. Ducroc, Jourdan, Lery, Mortier, Estourmel, Moncey, Morand, etc., 17 pièces (Curieux).

1000. *Id*. A. Defeux, officier de la grande armée, 3 lett. aut. dans une desquelles il rend compte de la bataille d'Austerlitz et parle de l'Emper. dans des termes très-chaleureux. — Constatation de sa mort, 1806-10, 4 pièces. (Curieux).

1001. Ministres. Bertrand; Chaptal; Champagny; Abrial; Monge; Talleyrand, 1793, an XII 7 pièces.

1002. Musique. Meyerbeer, fragment d'ouverture. — Spontini, Duo. — Fay, Souvenir de son premier opéra. — Geminiani, Gamme — Franchomme, Etude. — Trial aîné, 4 motets, mus. sacr. — Perti, Fragment. (Man. originaux, curieux.)

1003. *Id*. Compositeurs, etc., Damoreau, Cinti, Fél. David, Lesueur, Meyerbeer, Paër, Sarette, Zimmerman, etc., 27 pièces. (Curieux.)

1004. *Id*. Cherubini. O salutaris à 4 voix, dans une corniche sous double verre. (Ms. original curieux).

1005. Nobles. Le duc de Vendôme; duc de St.-Simon; Cte de Valentinois; Montmorin; Cte de Châteauneuf (vél.); Marquis de Montesquiou (vél.), 703, 76, 5 pièces. (Curieux).

1006. Poésies. Chansons, plan d'opéra, autographes, Portraits, 20 pièces. (Curieux.)

1007. Restauration. Berryer fils; Bon Roger; Cote A. de Noailles; Cte Langeron; duc de Montmorency; Montbel; ministres, etc., 1815-30, 13 pièces. (Curieux.)

1008. Révolution. Barras; Lebrun; Isabeau; Laurent; Guérin; Fouché; Laporte; Albitte; ordonnances et journaux, 21 pièces. (Curieux.)

1009. *Id*. Bruguière du Gard; Berryer père, Vte de Lachastre; Selves; de Kock, officier; commissaires de police; députés au Corps Législatif, etc., 1769, 1804, 33 pièces. (Curieux.)

1010. Sénateurs; conseillers d'Etat; préfets; représentants; conseil des Cinq cents, etc., de la 1re répub., 34 pièces. (Curieux).

1011. Siècle de Louis XIV Bourbon, Louise-Elisabeth; Marie-Thérèse; Louis de Bourbon; duc de Richelieu, 1675, 1740, 4 pièces.

1012. Souverains Henri III; Henri IV; Louis XIV; Louis XV; Louis XVI; Monsieur (Charles X), 1577, 1814, 7 pièces parchemin.

www.ingramcontent.com/pod-product-compliance
Ingram Content Group UK Ltd.
Pitfield, Milton Keynes, MK11 3LW, UK
UKHW020413180726
13839UKWH00003B/1308